Wilhelm von Bode
Die italienischen Hausmöbel der Renaissance

Wilhelm von Bode

Die italienischen Hausmöbel der Renaissance

ISBN/EAN: 9783957003621

Auflage: 1

Erscheinungsjahr: 2015

Erscheinungsort: Norderstedt, Deutschland

Hergestellt in Europa, USA, Kanada, Australien, Japan
Verlag der Wissenschaften in Hansebooks GmbH, Norderstedt

Verlag
der
Wissenschaften

MONOGRAPHIEN DES KUNSTGEWERBES

HERAUSGEGEBEN VON JEAN LOUIS SPONSEL
∽∽∽∽∽ VI. WILHELM BODE: ∽∽∽∽∽
DIE ITALIENISCHEN HAUSMÖBEL DER RENAISSANCE

MONOGRAPHIEN DES KUNSTGEWERBES

HERAUSGEGEBEN VON

JEAN LOUIS SPONSEL

VI.
WILHELM BODE: DIE ITALIENISCHEN HAUSMÖBEL DER RENAISSANCE

DIE ITALIENISCHEN HAUS-MÖBEL DER RENAISSANCE

VON

WILHELM BODE

MIT 100 ABBILDUNGEN

DRITTES TAUSEND

Die Hauseinrichtung unserer Vorfahren ist uns durch Nachbildungen und Rekonstruktionen aller Art völlig geläufig; die „Renaissance-Zimmer" in den Kunstgewerbe-Museen, die Wohnzimmer mit Renaissance-Möbeln in vielen hundert Häusern deutscher Künstler und Sammler, die zahlreichen Publikationen über deutsche Möbel, voran G. Hirths „Deutsches Zimmer", haben in den weitesten Kreisen Sinn und zum Teil auch Verständnis für die Einrichtung des altdeutschen Hauses verbreitet. Das vor wenigen Jahren eröffnete Schweizer Landesmuseum in Zürich, die Schöpfung von Heinrich Angst, bietet in seiner Folge alter Schweizer Zimmer mit ihrer alten Einrichtung die treueste, in jeder Beziehung musterhafte Illustration auch für das deutsche Wohnzimmer vom Mittelalter bis zum Ende des XVIII. Jahrhunderts. Aehnliches ist im neuen Kunstgewerbemuseum zu Köln speciell für Niederdeutschland erstrebt und erreicht worden. In Frankreich hat sich das Mobiliar der französischen Renaissance fast noch mehr in den Wohnräumen eingebürgert als bei uns; es ist mit noch grösserer Pietät gesammelt und konserviert worden, und die zahlreichen Publikationen sind nicht nur durch Pracht, sondern vielfach auch durch Treue der Nachbildungen und wissenschaftlichen Wert vor ähnlichen Werken über deutsche Hausmöbel vorteilhaft ausgezeichnet.

Für Italien müssten wir, so wird man von vorn herein annehmen, reiches Material in den Sammlungen und eine Fülle von ausgezeichneten Publikationen über das Mobiliar aus der Renaissancezeit besitzen, zumal von deutschen Autoren; hat doch die Kunst Italiens uns Deutsche zuerst und am stärksten gefesselt und übt noch immer gleicher Weise ihre Anziehungskraft auf uns aus. Doch ist gerade das Gegenteil der Fall. Dank der Gleichgültigkeit, die man in Italien massgebenden Ortes gegen alles, was nicht hohe Kunst ist, bis heute an den Tag legt, dank dem Unverständnis der früheren Besitzer und der Unkenntnis und Rücksichtslosigkeit der grossen Mehrzahl des kaufenden Publikums, der Privaten wie der Museumsvorstände, welche die Möbel für ihre Zwecke adaptierten und restaurierten, ist das Material, aus dem wir uns eine richtige Vorstellung über die Einrichtung des italienischen Zimmers zur Zeit der Renaissance machen können, verhältnismässig sehr gering. Selten nur finden wir italienische Möbel dieser Zeit, welche nicht durch Waschen, Wachsen, Polieren, wenn nicht durch grössere Restaurationen und willkürliche Zusammenstellungen in mehr oder weniger empfindlicher Weise beeinträchtigt worden wären. Haben doch nur wenige eine Ahnung davon, dass die italienischen Möbel, auch wenn sie nicht bemalt waren, regelmässig eine Tönung erhielten, ohne die sie so reizlos sind wie etwa ein Bild ohne Lasuren. Nur die Riesenspeicher, die sich das South Kensington-Museum benennen, haben in ihrem chaotischen Bestand an unschätzbaren Kunstwerken aller Art auch zahlreiche italienische Möbel verschiedenster Gattung aufgehäuft, die durch ihre Vortrefflichkeit und vorzügliche Erhaltung einmal das beste Material auch für die Behandlung dieser Materie bieten werden, wenn sie erst durch eine günstige Aufstellung ans Tageslicht gebracht sein werden und bis dahin nicht etwa der Feuersgefahr, der sie in so hohem Masse ausgesetzt sind, zum Opfer gefallen sein sollten.

Besonders erschwerend für das Studium der italienischen Möbeltischlerei ist auch der Umstand, dass wir über die Herkunft der wirklich guten Möbel, die uns erhalten sind, sehr häufig, wenn nicht bei der Mehrzahl schlecht oder gar nicht unterrichtet sind. Von altem Hausmobiliar ist an Ort und Stelle ganz ausserordentlich wenig erhalten, und bei den in den Museen aufbewahrten Stücken ist der Ort der Herkunft, auch wenn man ausnahmsweise beim Ankauf darauf achtgegeben hat, meist deshalb unzuverlässig, weil die italienischen Händler, von denen sie in der Regel erworben wurden, schon seit Jahrzehnten in ganz Italien ihre Ware zusammenkaufen. Wo sie ausserhalb Italiens, namentlich auf Pariser Versteigerungen, gelegentlich vorkommen, ist über die Herkunft fast nie mehr etwas bekannt.

Das Studium des Hausrates hat ein mannigfaches Interesse. Es ist ein wertvolles Hilfsmittel beim Studium der hohen Kunst, der Architektur wie der Malerei. In kulturhistorischer Richtung bietet es den Einblick in das häusliche Leben der Völker; das Mobiliar hat man daher nicht mit Unrecht „die Seele des Hauses" genannt. Von hervorragender Bedeutung ist es für die Kenntnis des Stils in seiner Entwickelung zu den verschiedenen Zeiten und bei den verschiedenen Völkern. Unsere Aufgabe beschränkt sich darauf, das Mobiliar eines bestimmten Volkes in ganz bestimmter Zeit: bei den Italienern während der Renaissance, in seiner formalen und dekorativen Bedeutung und in der allmählichen Entwickelung während dieser Zeit im einzelnen wie im ganzen zu charakterisieren. Jene anderen Fragen können daher nur ganz nebenbei berührt werden.

Die behagliche Einrichtung des deutschen Zimmers der Renaissance in seinem bescheidenen Umfang mit den Holztäfelungen und Holzdecken, den Kachelöfen und Einbauten wie den mannigfachen Möbeln verleitet wohl, die Einrichtung des italienischen Zimmers im XV. und XVI. Jahrhundert ähnlich, wenn auch prächtiger und monumentaler zu denken. Der Charakter des italienischen Wohnraumes hatte aber mit dem des deutschen so wenig gemein wie das Leben des Südländers mit dem des Nordländers. Während der Nordländer schon durch das Klima mehr auf das Haus und enge niedrige Räume angewiesen ist, lebt der Italiener, damals noch mehr als heute, im Freien, auf den Strassen, den Plätzen und in den Hallen, in den Kirchen, Rathäusern und Zunfthäusern. Auch das italienische Haus, oder richtiger der städtische Palast und die Villa, die fast allein zu künstlerischer Ausgestaltung und Einrichtung kamen, besassen daher weniger einen intimen als einen öffentlichen Charakter. In den Arkaden, im Hof mit seinen Hallen und in den anstossenden Sälen spielte sich das Leben der Italiener und ihres Anhanges vorwiegend ab. Die grossen festlichen Räume, für gelegentliche Aufnahme zahlreicher Personen bestimmt, konnten nur verhältnismässig wenige Möbel und nur solche von einfachem, grossem Charakter enthalten. Diese bestimmten aber zugleich die Einrichtung der abgelegeneren Familienräume, der Zimmer in den oberen Stockwerken. Der Umstand, dass die Festräume meist nur bei Festen und Besuchen benutzt wurden und daher die Stoffe, Gobelins und feineren Möbel nur dann aus der Guardaroba, aus den Truhen und Kasten herausgeholt wurden, machte den Eindruck der Paläste den grössten Teil des Jahres über noch weniger behaglich.

Art und Entwickelung des Mobiliars sind in den verschiedenen Gegenden Italiens nicht unwesentlich verschieden. Am abweichendsten sind sie in Venedig, schon durch die besondere Bauart der Paläste, durch das eigenartige venetianische Leben und die Beziehungen zum Orient, von wo Venedig durch Jahrhunderte seine Stoffe und die im Hausrat so wichtigen Teppiche, aber auch mancherlei Gerät bezog. Die Marken haben einen kräftigen, derben Stil, der bis gegen Ende des fünfzehnten Jahrhunderts an gotischer Form und Dekoration festhält. Noch in stärkerem Masse ist dies in Savoyen und Piemont der Fall, wo französischer Einfluss sich aufs deutlichste geltend macht. In Genua und an der Riviera zeigt die Renaissancetischlerei nahe Verwandtschaft mit den südfranzösischen Möbeln. Die eigenartigste und weitaus bedeutendste Entwickelung hat die Tischlerei aber in Toskana, namentlich in Florenz gehabt, im Anschluss und unter der Einwirkung der gleichzeitigen hohen Kunst, insbesondere der Architektur und der Bildschnitzerei, namentlich der Kunst der Intarsiatoren, die als der vornehmste Teil der Schreinerei galt und gelegentlich selbst von hervorragenden Architekten und Bildhauern ausgeübt wurde. Ueber sie sind wir durch Urkunden wie durch die Künstlerbiographien gut unterrichtet. Ihre Werke, namentlich die Chorstühle, sind in den Kirchen noch in grosser Zahl erhalten; sie tragen häufig die Inschriften ihrer selbstbewussten Verfertiger, und über sie besitzen wir auch eine reiche moderne Litteratur.

In Florenz hat sich die Tischlerei am mannigfaltigsten und glänzendsten entwickelt, hier hat sie künstlerisch weitaus das Bedeutendste geleistet. Am nächsten steht ihr die Möbeltischlerei in Rom zur Zeit der Hochrenaissance, wo die Prachtliebe der Päpste und der hohen Geistlichkeit eine glänzende Entwickelung der Kunst auch nach dieser Richtung förderte, aber die massgebenden Künstler und Handwerker waren auch hier Florentiner. Von Florenz aus hat sie in ganz Italien den bestimmenden Einfluss erhalten. Von Florentiner Hausrat ist uns verhältnismässig am meisten erhalten, so dass wir die Entwickelung der einzelnen Möbel daran am besten, ja überhaupt allein an ihnen in ihrem historischen Zusammenhang verfolgen können. Um einen Ueberblick über die Hauseinrichtung in Italien während der Renaissance zu gewinnen und die einzelnen Möbel in ihrer allmählichen Gestaltung im fünfzehnten und sechzehnten Jahrhundert kennen zu lernen, müssen wir daher von der Florentiner Tischlerkunst ausgehen. Die Entwickelung in den übrigen Teilen Italiens, soweit uns darüber überhaupt etwas bekannt ist, werden wir im Anschluss daran insoweit darzustellen haben, als sie von der Florentiner wesentlich abweicht.

Abb. 1. Bemalte Florentiner Truhe um 1425 im Bargello zu Florenz.

Abb. 2. Florentiner Truhe mit Stuckdecor im Kunstgewerbe-Museum zu Berlin.

I. Florenz und Toskana.

Im Mittelalter war das italienische Wohnzimmer nach unseren heutigen Begriffen beinahe kahl. Wie jetzt noch im italienischen Bauernhaus der grosse Herd den Mittelpunkt und seine Ummauerung den eigentlichen Aufenthaltsort der Bewohner in kalter und nasser Jahreszeit bildet, so war das Kamin, von meist kolossaler Form, das hervorragendste Stück, der eigentliche Mittelpunkt im Zimmer des mittelalterlichen Palastes. An den Wänden liefen Bänke herum, die durch Aufschlagen der Sitze zugleich als Truhen benutzt werden konnten, und auf denen, wenigstens in einzelnen Zimmern, grosse weiche Kissen das Sitzen behaglich machten. Truhen, die mit den Bänken an den Wänden wechselten, wurden, wie diese, auch zum Sitzen und zum Teil auch als Tische verwendet. Ein grosser langer Tisch (nur ausnahmsweise werden es mehrere gewesen sein) stand vor den Bänken oder wurde, wenn er gebraucht wurde, davor aufgestellt. Daneben und am Kamin standen schmucklose Schemel mit Strohgeflecht. In einem kleineren Zimmer bildete ein niedriges Bett von ausserordentlichem Umfange, mit hoher, ringsum laufender Stufe, die sowohl als Sitz wie als Truhe benutzt wurde, mit Ausnahme einer Reihe schmuckloser Schemel und Stühle, das einzige Möbel. Zur Unterbringung der notwendigsten Geräte und Gefässe, soweit sie nicht in den Truhen ihren Platz fanden, dienten in den Zimmern und Kammern offene, seltener geschlossene Wandschränke in den tiefen Mauern. Dieses spärliche Mobiliar war von einfacher Form und von kräftigem Bau; es erbte sich daher durch Generationen fort, ohne sehr verändert oder vermehrt zu werden.

Die neue Zeit, die „Renaissance", liess in dieser Einrichtung zunächst keine wesentliche Aenderung eintreten; sie fand ihre Aufgabe nach dieser Richtung anfangs in der Ausbildung der Kirchenmöbel. Das Chorgestühl, der Bischofsthron, das Lesepult, die Orgel, das Geschränk und die Pulttische der Sakristeien, die Einrahmungen der Altarbilder u. a. m. erhalten in dieser Zeit, ganz besonders in Florenz, ihre einfachen, aber grossen monumentalen Formen und werden ausser durch bescheidene Schnitzereien mit den schönsten Intarsien und gelegentlich auch durch Bemalung aufs feinste farbig belebt. Daneben werden die Rathäuser, Hospitäler, Bibliotheken und andere öffentliche Bauten in ähnlicher, zum Teil schon sehr prächtiger Weise mit Möbeln ausgestattet.

Erst gegen die Mitte des XV. Jahrhunderts, ausserhalb Florenz erst in der zweiten Hälfte des Quattrocento wird, mit dem Vordrängen der einzelnen Persönlichkeit und der scharfen Ausbildung des

I. Florenz und Toskana.

Egoismus, auch das Bedürfnis für reichere und bequemere Ausstattung des Hauses lebendiger und allgemeiner. Zur Zeit der grossen Mediceer und unter ihrem Vorgehen erhält das Florentiner Zimmer sein modernes Mobiliar; neue Formen, selbst neue Gattungen von Möbeln werden, den modernen Anforderungen an Komfort entsprechend, gefunden und ausgebildet. In dieser Entwickelung verrät sich deutlich der Einfluss der Kirchenmöbel in den strengen, geraden Formen, in der sparsamen Anbringung von wirkungsvoller Schnitzerei, wie in der Vorliebe für Farbigkeit durch Bemalung, durch Vergoldung und namentlich durch eingelegte Arbeit in verschiedenfarbigen Hölzern.

Die weitere Entwickelung der Florentiner Möbeltischlerei basiert auf den Formen, die in dieser Zeit gefunden wurden. Von entscheidender Bedeutung wurde im zweiten und dritten Jahrzehnt des Cinquecento auch für die Richtung dieses Gewerbes die Thätigkeit Michelangelos als Bildhauer und Architekt. Seine „Schreinerarchitektur", wie Jakob Burckhardt Michelangelos Innendekoration in der Laurentiana und in der Gruft der Mediceer bezeichnet, brachte für die Architektur ganz neue Formen und Gedanken; für die Möbeltischlerei bot sie zugleich eine Fülle interessanter und entwickelungsfähiger Motive. Daher der eigentümlich barocke Zug in den Formen und namentlich in der Dekoration der Möbel der Florentiner Hochrenaissance. Die bewegte Form und ausdrucksvolle Ornamentik führt zum Verzicht auf die Farbigkeit der Möbel, welche jetzt ihre Naturfarbe behalten, freilich verstärkt durch farbige Beize und durch feingetönte Vergoldung einzelner hervorragender Ornamente. Erst nach der Mitte des Jahrhunderts werden die Formen wieder einfacher und strenger architektonisch, dadurch aber auch nüchterner und weniger malerisch.

Eins der interessantesten und zugleich das wichtigste Möbel der Renaissance ist die Truhe, cassa oder cassone, die für das Leben der Italiener von grösster Bedeutung ist. Da die Truhen neben dem Bett die Hauptstücke in der Ausstattung der jungen Eheleute zu bilden pflegten, so werden sie meist als Braut- oder Hochzeitstruhen bezeichnet. Die Truhe wurde im Mittelalter namentlich als transportables Möbel benutzt und bei der vagierenden Lebensweise der reicheren Klassen, der Vornehmen wie der Kaufleute, als Reisemöbel in der verschiedensten Weise verwendet. Vor allem barg die Truhe das Geld und den Schmuck, die man während der Abwesenheit bei den unsicheren Zuständen nicht daheim zu lassen wagte. Diesem Zweck verdankt sie im Italienischen

Abb. 3. Florentiner Truhe mit Stuckdecor im South Kensington-Museum zu London.

Abb. 4. Florentiner Truhe mit Stuckdecor im Kunstgewerbe-Museum zu Berlin.

wie im Französischen ihren Namen: cassâ oder coffret. In den „Koffern" musste man zugleich die Kleider, Wäsche und allerlei Gebrauchsgegenstände bis zu den Betten, Waffen, Küchensachen u. s. f. mit sich führen, da die Wirtshäuser, wo es solche überhaupt gab, meist nichts als die nackten Wände und das Herdfeuer oder Kamin boten. Daher pflegte man diese Koffer oder Truhen von vornherein auch so einzurichten, dass man sie sowohl als Sitzmöbel wie als Tische verwenden konnte. Vornehme Leute gingen mit Dutzenden und selbst mit Hunderten grosser und kleiner „casse" auf Reisen. Daher finden wir neben der feststehenden Wandbank, die, wie erwähnt, zugleich zur Aufbewahrung von Leinen und An-

zügen verwendet wurde, schon seit dem frühen Mittelalter auch die bewegliche Truhe; im fünfzehnten und bis zur Mitte des sechzehnten Jahrhunderts war sie recht eigentlich das Lieblings- und Prachtmöbel der Paläste, ganz besonders in Florenz. Hier scheint ihre reichere künstlerische Ausschmückung von den grossen Hospitälern, Findelhäusern und ähnlichen Anstalten ausgegangen zu sein, denen ihre bedeutenden Einnahmen einen solchen Luxus gestatteten. Unter einer Reihe solcher Truhen, die vor längerer Zeit aus den Magazinen von S. Maria Nuova in den Handel kamen, befanden sich charakteristische Beispiele solcher Florentiner cassoni vom Ende des vierzehnten und Anfang des fünfzehnten Jahrhunderts. Sie sind hoch, haben gewölbte Deckel, so dass sie zum Sitzen nicht benutzt werden können, und zeigen einen auf gemaltem Grund mit Schablonen hergestellten farbigen Decor; Reiter, stilisierte Tiere und Pflanzen oder Ornamente bedecken die verschiedenen Seiten und den Deckel; dazwischen flache, bunt bemalte Bandeisen. Ein paar dieser Truhen, die noch an Ort und Stelle erhalten waren, sind jetzt in das Museo Nazionale zu Florenz gekommen (Abb. 1; zur Zeit noch mit den Bildern zusammen in den Uffizien ausgestellt).

Abb. 5. Truhe in einem Florentiner Holzschnitt.

Die florentiner Truhen des fünf-

I. Florenz und Toskana.

Abb. 6. Florentiner Truhe mit Intarsiaschmuck bei Fürst Liechtenstein in Wien.

zehnten Jahrhunderts haben regelmässig gerade Wände, flachen oder wenig profilierten Deckel und kräftige einfache Basis mit oder ohne Löwenfüsse. Eine häufige, sehr eigenartige Gattung dieser Truhen, die um die Mitte des Quattrocento in Florenz aufkommt und sich auch in den abhängigen Nachbarstädten findet, ist an der Vorderseite mit einem prächtig vergoldeten Flachrelief geschmückt, das mit Formen in Stuck hergestellt wurde: Pflanzen (zum Teil ganz wie die damaligen Stoffmuster gebildet), Tiere, Embleme, Fabeltiere, alle in sehr stilvoller, heraldischer Ausführung, gelegentlich reichere Darstellungen, namentlich Schlachten, die Herkulesthaten, allegorische oder mythologische Figuren (Abb. 2 bis 4). Sie sind nicht selten von so edler Bildung der Gestalten; dass man auf Meister wie Pollaiuolo für ihre Verfertiger geraten hat. Doch scheinen in Florenz solche Künstler nur ausnahmsweise zu dieser Art von Truhen die Entwürfe gemacht zu haben; es gab eine eigene Genossenschaft von Truhenmachern, die ihre Motive, wenn auch mit grossem Geschick, hier oder dort zusammensuchten (in Abb. 4 sehen wir z. B. eine Gestalt aus einem Mantegna zugeschriebenen Stiche). Der gewölbte oder geschweifte Deckel

Abb. 7. Florentiner Truhe um 1440. Früher Sammlung Bardini, Florenz.

pflegt vergoldet zu sein und einen einfachen, durch Punzen oder in flachem Relief hergestellten Decor zu haben; an den Schmalseiten finden sich meist gemalte Ornamente und der eiserne Griff zum Tragen der Truhe.

Die Vorliebe des Quattrocento für eingelegte Holzarbeit führte auch zur Verwendung derselben für den Schmuck der Truhen, die dann regelmässig von besonders edlem Aufbau und feiner Profilierung, wie von vollendet schöner Zeichnung sind. Eine Reihe der angesehensten Architekten und Bildhauer von Florenz waren von Haus aus Intarsiatoren und behielten ihre blühenden und einträglichen Werkstätten nebenher bei, auch als sie schon zu den gesuchtesten Künstlern gehörten. Aus diesen Werkstätten gingen die regelmässig sehr stattlichen Truhen hervor, die wir in den Bildern gelegentlich wegen ihrer Höhe auch als Tisch verwendet finden (Abb. 5), und deren Decor an der Hauptwand Putten mit Kränzen, oder zur Seite eines Wappens, Stadtansichten, Musikinstrumente und dergl., seltener reichere Darstellungen in Intarsia zeigt, während die Einfassungen aus zierlichen Ornamenten bestehen, die gleichfalls mit eingelegten Hölzern hergestellt sind (Abb. 6).

Wie beliebt die Truhen in dieser Zeit waren und welchen Wert man auf dieselben legte, dafür geben die zahlreichen mit Gemälden von der Hand erster Florentiner Maler geschmückten cassoni das glänzendste Zeugnis. Neben berühmten Truhen-Malern, wie Dello Delli, haben Pesellino, Botticelli, Filippino, Paolo Uccelli, Signorelli, Piero di Cosimo und andere berühmte Maler des Quattrocento in Florenz Truhen dekoriert. Auch in den ersten Jahrzehnten des Cinquecento sehen wir ganz hervorragende Künstler damit beschäftigt, wie Andrea del Sarto, Franciabigio, Granacci, Bacchiacca und Pontormo. „Nicht nur im Palazzo Medici und in allen alten Häusern der Mediceer, sondern in allen vornehmen Häusern in Florenz sieht man solche Truhen noch jetzt," so erzählt uns Vasari. Die gemalten Wände dieser Truhen schmücken heute als Gemälde die ersten Galerien und sind in neuester Zeit zu Preisen von 50000 bis 200000 Francs bezahlt worden.

Die Darstellungen sind meist beliebten Geschichten des alten Testamentes oder der antiken Sage entlehnt: den Thaten des jungen David, dem Trojanischen Kriege, oder den Thaten des Herkules oder des Aeneas, der Geschichte der Esther, der

Abb. 8. Florentiner Truhe um 1450 im South Kensington-Museum zu London.

I. Florenz und Toskana.

Abb. 9. Strozzitruhe von 1513 im Kunstgewerbe-Museum zu Berlin.

Lucrezia, der Judith, der Penelope, allegorischen Darstellungen mit Bezug auf Liebe und Treue, gelegentlich auch Zeitdarstellungen wie Jagden, Turniere, Feste aller Art und sonstige Motive, die dem Sinne der jungen Ehegatten entsprachen (Abb. 7 u. 8). Diese echt monumentalen Möbel, welche besonders als Hochzeitsgeschenke in den grossen Familien des Quattrocento beliebt waren, wurden an hervorragender Stelle an den Zimmerwänden aufgestellt und zuweilen noch durch besondere, zierlich gearbeitete Untersätze gehoben und zugleich geschützt. Leider haben sich gerade diese wertvollsten Truhen fast nie als Ganzes erhalten, da man die Gemälde herausnahm, weil man nur auf diese, auf das Möbel aber keinerlei Wert legte und jene den Galerien einzureihen wünschte. Eine solche Truhe war zweifelsohne die edle Strozzitruhe, welche für die Hochzeit eines Strozzi mit einer Medici im Jahre 1513 angefertigt wurde, jetzt im Berliner Kunstgewerbemuseum,

Abb. 10. Truhe der Familie Alberti um 1520 bei Mme. Ed. André, Paris.

Abb. 11.
Florentiner Stuckkassette mit Dekor in Pastiglia im Kunstgewerbe-Museum zu Berlin.

künstlerische Arbeit des Schnitzers zur Geltung gebracht wurde, musste auf die Farbigkeit durch Bemalung, Intarsia u. s. f. verzichtet werden. Durch kräftigere Profilierung, hohes Relief und bewegte Ausladungen erzielten die Künstler dieser Zeit eine ähnlich reiche und mannigfaltige Wirkung, wie sie ihre Vorgänger durch die Farbigkeit erreicht hatten. An den Ecken finden wir kräftig gebildete Masken, Wappen, Putten, Gefangene (den römischen Triumphbogen entlehnt) oder Sphinxe angebracht, in reiche Pflanzenornamente ausgehend, welche die Vorderwand bedecken, in der Mitte in der Regel eine Kartusche mit Wappen oder Emblem; der Deckel ist nach oben verjüngt und gleichfalls reich profiliert und geschnitzt (Abb. 10). Die Vorderwand ist vielfach in Hochrelief mit Darstellungen aus der römischen Geschichte oder der antiken Mythologie geschmückt, die rechts und links von dem kräftigen Wappen in der Mitte angebracht sind. Die prächtigsten Stücke dieser Art

deren bemalte Wände herausgenommen und vor Jahrzehnten durch glatte Holzbretter ausgefüllt worden sind (Abb. 9). Das gleiche ist der Fall bei verschiedenen ähnlichen grossen Truhen, deren Form und Dekor schon auf eine Ausschmückung durch bemalte Wände schliessen lässt. Die Mehrzahl der bemalten Truhen war aber auf ornamentalen Schmuck beschränkt: meist Wappen und Embleme, die gross und einfach behandelt und in kräftigen Farben auf farbigem Grund ausgeführt waren. Die Formen solcher rein dekorativ bemalter Truhen waren regelmässig sehr einfach. Ein gutes Beispiel dieser Art besitzt das Berliner Kunstgewerbe-Museum.

An allen diesen Truhen, den eingelegten wie den mit Gemälden geschmückten, war die Schnitzarbeit höchstens auf bescheidene Ornamente der Einrahmung: Eierstab, Herzblatt und dergl. beschränkt. Der Schmuck der Truhen durch reiche Bildschnitzerei fällt erst in die Zeit der Hochrenaissance. Indem dabei die Schönheit des Holzes als solche und die

Abb. 12. Florentiner Kassette des 15. Jahrhunderts.

I. Florenz und Toskana.

Abb. 13.
Kassette von A. Barile im Stadthaus zu Siena.

scheinen von Florentinern für römische Familien gearbeitet worden zu sein, weshalb wir bei Besprechung der römischen Möbel darauf zurückkommen (vergleiche Seite 78 und Abb. 95 u. 96).

Neben diesen üppigen Dekorationsstücken kommen, sehr zahlreich, einfachere niedrige Truhen, meist Sitztruhen, mit flachem Deckel vor, deren glattes oder mit mässig hohem Blattwerk verziertes vorderes Füllbrett von schlichten, aber sehr feinen und wirkungsvollen Ornamenten eingerahmt ist, während es zu beiden Seiten schmale pilasterartig dekorierte Seitenstücke hat oder in drei gleichen Teilen angeordnet ist.

Bei diesen verschiedenartigen Truhen der Hochrenaissance ist vielfach ein Teil der Ornamente vergoldet „mit Gold aufgelichtet" (lumeggiato in oro), wie die Italiener es treffend bezeichnen. Dabei wurde das Gold regelmässig getönt, aber auch das Holz nicht einfach in seiner Naturfarbe belassen, sondern mit einem dem Holz verwandten bräunlichen Ton, durch Zumischung einer durchsichtigen oder undurchsichtigen Farbe zum Wachs bei der Tränkung, gedeckt. Dadurch vereinigt sich das Gold so gut mit dem Holzton und dieser wieder mit den vereinzelten Farben oder Malereien, wo sich solche, im Anfange der Hochrenaissance, noch an den Truhen finden; dadurch sind die Möbel zu einander wie zur Farbe der Wände und der Stoffe des Zimmers regelmässig in feinster Weise gestimmt worden. Leider ist dieser Ton, der durch das Alter an Tiefe und malerischer Wirkung oft noch gewonnen hat, meist durch Waschen, Wachsen und Oelen künstlich entfernt worden, da der Ungeschmack und Unverstand unserer Zeit den künstlerischen Sinn der alten Meister nicht zu begreifen vermochte.

Neben dem cassone tritt die cassetta als ein eigenes Stück des Mobiliars in den Florentiner Palästen etwa um die Mitte des fünfzehnten Jahrhunderts auf. Geld, Schmuck, Hauben, feines Leinenzeug u. dgl. wurden im vierzehnten und Anfang

Abb. 14.
Florentiner Schmucktruhe um 1525 im Kaiser Friedrich-Museum zu Berlin.

Abb. 15.
Florentiner Sitzbank um 1475 im Kaiser Friedrich-Museum zu Berlin.

des fünfzehnten Jahrhunderts in kleinen Kästchen sowie in runden oder ovalen Schachteln aufbewahrt, die mit Stuck oder mit Malerei, nicht selten von hervorragenden Künstlern, geschmückt wurden, wie einige erhaltene Stücke von grosser Schönheit (im South Kensington-Museum, Versteigerung Castellani u. s. f.) beweisen. Besonders beliebt waren die in Pastiglia dekorierten Kästchen von einfacher Kofferform, bei denen an den Seiten und auf dem Deckel reiche figürliche Darstellungen in Relief zu sehen sind, die in einer graugelben Stuckmasse (Pasta) modelliert sind. Sie sind auf vergoldetem Grunde in ihrer Naturfarbe gehalten, das Ornament leicht vergoldet, und zeigen Triumphe, antike Mythen, Darstellungen der alten Geschichte oder allegorische Motive. Eines der reichsten und feinsten dieser Kästchen, das sich im Berliner Kunstgewerbe-Museum befindet, zeigt die umstehende Abbildung (11). Diese Stuckkästchen sind in Florenz in der zweiten Hälfte des fünfzehnten Jahrhunderts gearbeitet worden.

Den wachsenden Ansprüchen genügten diese Kästchen und Schachteln nicht mehr, zumal da bei ihrer Kleinheit und Leichtigkeit die Gefahr der Entwendung besonders gross war; es wurden Kasten daraus, die in der Form wie in der Dekoration ganz ähnlich wie die

Abb. 16.
Florentiner Sitzbank vom Ende des 15. Jahrhunderts im Kaiser Friedrich-Museum zu Berlin.

grossen Truhen gebildet wurden. Anfangs wurden sie mit farbigen Hölzern eingelegt oder mit Stuckornamenten bedeckt und vergoldet; seit dem Ende des Quattrocento wurden sie, in gleicher Weise wie die Truhen, aus Nussbaumholz geschnitzt, das leicht getönt und teilweise vergoldet wurde (Abb. 12). Dem mässigen Umfange entsprechend, ist hier die Schnitzerei meist eine bescheidene; dafür ist aber die Feinheit in der Profilierung wie in der Durchbildung und in den Verhältnissen eine ganz bewundernswerte. Ein klassisches Beispiel besitzt das Stadthaus von Siena in der Cassette mit der Wölfin, dem Wappentier von Siena, von der Hand des Antonio Barile, leider durch Restauration verdorben (Abb. 13). Einfacher, aber in den Verhältnissen und in der Ornamentik von derselben Feinheit, ist ein Florentiner Kästchen von etwa 1500 im Berliner Kunstgewerbe-Museum, das noch seine alte feine Tönung von Holz und Gold aufweist. Ein ähnliches befindet sich unter den Dekorationsstücken des Kaiser Friedrich-Museums (Abb. 14). Reicher, aber bereits etwas derber in der Wirkung sind die etwas später entstandenen Cassetten, deren Wände mit Stücken von seltenen antiken Marmorarten eingelegt sind.

Die Lostrennung der Truhe von der Bank machte die letztere nicht überflüssig, zumal die Truhe als Sitztruhe erst in späterer Zeit häufig wurde. Die Wandbank blieb in manchen Räumen, namentlich in den Vorplätzen des Florentiner Hauses, auch während der Renaissance die Regel; finden wir doch gelegentlich, wie am Palazzo Strozzi, sogar den Sockel des Hauses als umlaufende Bank gestaltet, zur gastlichen Aufnahme der Dienerschaft und des Volkes. Die Wandbank ist nicht selten in reicher Weise ausgeschmückt worden: die Beine pflegen dann in Löwenfüsse auszugehen, und die

Abb. 17.
Florentiner cassapanca mit Intarsiaeinlage. Sammlung E. Volpi, Florenz.

Abb. 18.
Florentiner cassapanca im Bargello zu Florenz.

hohe Rücklehne, die zugleich als Täfelung dient, wird mit mehr oder weniger reichen Zeichnungen in Intarsia verziert, in ähnlicher, wenn auch einfacherer Weise, wie die Chorstühle der Kirche. Seit dem fünfzehnten Jahrhundert begegnen wir auch der von der Wand losgelösten beweglichen Bank, die dann regelmässig nur klein und ohne Rückwand ist, und deren deckelartiger Sitz beweglich zu sein pflegt, damit das Innere als Truhe verwendet werden kann. Die Wände sind nach innen gebogen, zum Schutze gegen die Füsse, zu deren Aufnahme ein kurzes Trittbrett unten vor der Bank angebracht ist. Der Schmuck solcher Bänke, wenn sie für eine reichere Einrichtung gearbeitet wurden, ist auf einfache Intarsiaornamente oder dekorative Malereien, in späterer Zeit auf kräftig geschnitzte, aber flache Ornamente beschränkt, wie die umstehenden Abbildungen nach ein paar solcher kleiner Bänke im Kaiser Friedrich-Museum zu Berlin zeigen (Abb. 15 und 16).

Abb. 19.
Florentiner cassapanca im Kaiser Friedrich-Museum zu Berlin.

Abb. 20. Florentiner cassapanca mit dem Mediceerwappen bei M. Jules Porgès in Paris.

Aus der Wandbank entwickelt sich um die Mitte des fünfzehnten Jahrhunderts oder bald nachher noch ein anderes eigenartiges Möbel, das in erster Linie als Sitzmöbel, daneben aber auch als Truhe diente, was in der italienischen Bezeichnung cassapanca treffend zum Ausdruck kommt. Auch dieses Möbel, gerade wie die Truhe, zur Aufbewahrung von Kleidern, Leinen und dergl. benutzt wurde; auf diesem Unterbau stehen die (meist oben glatt abschliessende) Rückwand und die Seitenwände. Im fünfzehnten und im Anfange des sechzehnten Jahrhunderts ist die cassapanca fast ganz glatt, und die einfachen Ornamente sind

Abb. 21. Thron des Filippo Strozzi bei Baronin Ad. Rothschild in Paris.

der Stammvater unseres Sofas, ist specifisch florentinisch und nicht über Florenz und seine Umgebung hinausgekommen, wo es etwa ein Jahrhundert lang in Mode war. In seiner wuchtigen, geraden Kastenform mit den starken niedrigen Wänden trägt es besonders ausgesprochen den ernsten, kräftigen und monumentalen Charakter der florentiner Renaissancemöbel. Auf vorspringendem Fussbrett steht der Unterbau in vollständig truhenartiger Form, der, regelmässig in Intarsia hergestellt. Ein treffliches Stück derart besitzt das Kaiser Friedrich-Museum in Berlin, mehrere noch ältere die Villa Bardini vor Florenz u.s.f. (Abb. 17). Im sechzehnten Jahrhundert werden die Formen bewegter, die Profile stärker, die Ornamente werden durch Schnitzerei hergestellt, und Masken und Wappen werden an passenden Stellen angebracht. Durch grosse Kissen, auf dem Sitz wie zu den Seiten und an der

Abb. 22.

Florentiner Zimmer mit Thron und Bett zur Zeit der Hochrenaissance, in einem Fresko des Andrea del Sarto zu Florenz.

Abb. 23. Der Thron des Giuliano dei Medici.

Rückwand wurde dieses Möbel zum Sitzen erst eigentlich benutzbar. In den Palästen und Villen der vornehmen florentiner Familien haben sich solche durch ihre Grösse und massiven Bau besonders dauerhaften Möbel noch in ziemlich beträchtlicher Zahl erhalten, sind aber in neuerer Zeit fast ausnahmslos in Museen oder Privatsammlungen übergegangen, wo die daran befindlichen Wappen der Medici, Antinori, Strozzi u. s. f. ihre Herkunft noch verraten. Vorstehend geben wir einige Nachbildungen nach besonders edeln oder prachtvollen Stücken, wie sie im Museo Nazionale zu Florenz, im South Kensington-Museum zu London und namentlich bei Sammlern in Paris, Berlin und a. a. O. sich finden (Abb. 18—20). Eine solche cassapanca von besonderer Einfachheit und von bescheideneren Massen, deren Rückwand ausnahmsweise sehr hoch gehalten ist, befindet sich in der Sammlung des Baron Heinrich von Tucher im Palazzo Borghese zu Rom.

Was die cassapanca im gewöhnlichen Zimmer, das war der Thron, trono, im Staatsraum des Palastes der vornehmen florentiner Familien. Wie heute in den Vereinigten Staaten Amerikas der Hausherr und seine Gattin an der Tafel sich durch ein Paar hohe Lehnstühle in patriarchalischer Weise auszeichnen, so empfing das vornehme Ehepaar in dem republikanischen Florenz seine Gäste von einem erhöhten prächtigen Throne aus. Der Thron der Fürstlichkeiten im Mittelalter wie in der Renaissance bestand in einem reichen Sessel oder einer mit prächtigem Stoff ausgeschlagenen Bank, hinter der sich ein Baldachin erhob. Florenz erfand für seine

I. Florenz und Toskana.

reichen Patrizier ein eigenes Möbel: eine über zwei Stufen zugängliche Bank mit hoher Rückwand, die mit kräftigem Gesims abschliesst. Zu Anfang des Cinquecento ragt dieses Gesims gelegentlich weiter vor und ruht dann auf zierlich gedrehten und geschnitzten Säulen, die über den niedrigen Seitenbrüstungen stehen.

Von den wenigen erhaltenen Thronen dieser Art zeigen die älteren bei bescheidenen Profilen eingelegte Ornamente, wie der vorstehend abgebildete Thron aus dem Palazzo Strozzi in Florenz, jetzt im Besitz der Baronin Adolph Rothschild in Paris (Abb. 21); die späteren, aus den ersten drei Jahrzehnten des Cinquecento,

Abb. 24. Synagogen-Thron im Kunstgewerbe-Museum zu Berlin.

Abb. 25. ·Abb. 26.
Strozzi-Schemel bei Dr. A. Figdor in Wien.

haben daneben in bescheidenem Masse Schnitzerei von feinster Erfindung und Ausführung, wie uns dies A. del Sartos berühmtes Fresko der Geburt des Johannes im Vorraum der Annunziata zu Florenz am besten vergegenwärtigt (Abb. 22). Ein solcher Thron, sehr geschmackvoll im Aufbau, ist der Thron des jungen Giuliano del Medici, dessen berühmte Statue von der Hand Michelangelos die Mediceerkapelle bewahrt. Aus der Familie Nuti, in deren Besitz er durch Erbschaft gelangt war, kam er an den Fürsten Demidoff, der ihn durch Ueberarbeitung und An-

bringung moderner Intarsien entstellen liess (Abb. 23). Ein kleinerer Thron, reich vergoldet und mit tiefblauer Farbe, dessen plastische Ornamente in Stuck aufgetragen sind, befindet sich im Berliner Kunstgewerbe-Museum; er stammt aus Siena, und zwar, wie die noch durch die spätere Uebermalung durchschimmernden hebräischen Inschriften in den Feldern verraten, aus einer Synagoge (Abb. 24; die alte Bank fehlt und ist im Museum durch eine spätere Truhe in etwa gleicher Grösse ersetzt). Die Ornamente im Charakter des Lorenzo Marinna beweisen die Entstehung dieses Thrones in Siena. Man nimmt an, dass er ursprünglich für einen Privatpalast angefertigt und erst viel später der Synagoge geschenkt wurde. Wahrscheinlicher scheint mir, dass er von vornherein für diese bestimmt war, wie überhaupt wohl die schon aus gotischer Zeit überkommenen kirchlichen Throne, die Bischofssitze zur Seite des Hochaltars, die Vorbilder für das ähnliche Möbel der Florentiner Paläste wurden. Die ganz verwandte Form und die ähnliche Dekoration, wie die leitende Rolle, welche das Kirchenmöbel in der Schreinerkunst des vierzehnten und fünfzehnten Jahrhunderts einnimmt, machen dies wahrscheinlich. Doch zeigen Bilder und Miniaturen, dass auch die gotische Zeit schon den Thron, wenn auch in schmuckloserer Form, als Zimmermöbel kannte.

In Bezug auf die Form und Entwickelung des wichtigsten Sitzmöbels, des Stuhles, sind wir für die frühere Zeit der Renaissance besonders schlecht unterrichtet. Da namentlich aus dem fünfzehnten Jahrhundert von Originalen mit beglaubigter Herkunft nur verhältnismässig wenige erhalten sind, so sind wir, wesentlich auf Nachbildungen auf Gemälden und Stichen der Zeit angewiesen, die nach dieser Richtung unvollständig und zum Teil selbst nicht recht zuverlässig sind. Die Formen, welche seit dem Cinquecento sich bestimmt ausprägen: den Schemel, den eigentlichen Stuhl (ohne Seitenlehnen) und den Sessel, finden wir allerdings schon im Quattrocento, aber ihre reichere künstlerische Gestaltung gehört erst der vorgeschrittenen Zeit dieses Jahrhunderts an.

Der einzige bekannte Florentiner Schemel, sgabello, mit reicherem Schmuck aus dem fünfzehnten Jahrhundert, jetzt im Besitz von Dr. Figdor in Wien (Abb. 25 und 26), stammt aus Palazzo Strozzi. Er ist oben an der Lehne beiderseits mit dem Wappen verziert, das in Form und Aus-

Abb. 27. Florentiner Schemel im Kunstgewerbe-Museum zu Berlin.

Abb. 29. Florentiner Schemel im Museum zu Magdeburg.

Abb. 28. Florentiner Schemel im S. Kensington-Museum, London.

stattung ganz mit dem Wappen auf der Rückseite der Medaille des Filippo Strozzi übereinstimmt, also kaum wesentlich früher als 1490 entstanden. Und doch ist auch bei diesem in der Form, namentlich durch seine schmale hohe Lehne sehr originellen Stück die Dekoration fast nur auf jenes in flachem Relief als oberer Abschluss der Rücklehne angebrachte Wappen beschränkt. Das sechzehnte Jahrhundert hat dagegen den Schemel kaum weniger reich dekoriert wie die Truhe, namentlich in Florenz, wo dieser Schmuck wieder in Schnitzerei ausgeführt wurde, deren Wirkung man gelegentlich noch durch stellenweise Vergoldung zu heben wusste. Bis auf den eigentlichen Sitz und die Innenseiten der Bretter ist in der Regel der ganze Stuhl aufs reichste geschnitzt; meist mit Ornamenten, welche die betreffenden Teile in ihrer besonderen Bedeutung gut charakterisieren. Stehen ein Dutzend dieser Schemel dicht nebeneinander, wie z. B. im Kensington-Museum, das auch von diesen Möbeln eine Fülle der allerschönsten in tadellosester Erhaltung besitzt, so ist die Wirkung wohl eine zu reiche, überladene; aber in den grossen, nach unserem Geschmack fast leeren Räumen der Florentiner Paläste, wo sie an den langen Wänden und um den grossen Tisch gruppiert waren, war ihre Wirkung eine wohl berechnete und feine. Wir geben ein paar charakteristische Beispiele sowohl von den früheren einfacheren Schemeln wie von den reich geschnitzten aus der späteren Zeit, die namentlich im Pariser Privatbesitz noch in grösserer Zahl erhalten sind (Abb. 27 bis 30).

Auch ohne Rücklehne, als Hocker, finden wir den sgabello nicht selten, bald vierseitig und dann ganz ähnlich in Bau und Dekoration, wie die eben genannten sgabelli, bald dreiseitig, wie er in gotischer Zeit beliebt war. Die Hocker sind meist etwas niedriger als die eigentlichen Schemel (Abb. 30).

Der Sessel der Renaissance hat sich aus dem alten Klappstuhl entwickelt. Der ganz aus Holzstäben zusammengesetzte Klappsessel, mit beweglichem Sitz und abnehmbarer Rücklehne, der in Italien sogenannte Savonarola-Stuhl, von der modernen deutschen Möbeltischlerei ebenso unpassend als Luther-Stuhl bezeichnet, hat gleichfalls im fünfzehnten Jahr-

Abb. 30. Florentiner Schemel und Hocker im S. Kensington-Museum zu London.

hundert seine künstlerische Form erhalten. In Florenz wurde aber dieser X-Stuhl in seinem einfachen kräftigen Gerippe (zuweilen aus Eisen mit Bronzekugeln, vgl. Abb. 31) bei reicheren Einrichtungen wenigstens im sechzehnten Jahrhundert regelmässig entweder reich geschnitzt oder vom Tapezierer bekleidet; durch ihn ist er mit Stoffen, Litzen, Franzen, Quasten, vergoldeten Bronzenägeln und Kugeln oben auf der Rückwand in jener prächtigen und zugleich geschmackvollsten Weise ausgestattet, von der unsere moderne Tapezier-Kunst keinen Begriff mehr hat. Während der Schemel vor allem als Essstuhl diente, war · dieser Sessel sowohl als Ruhesitz wie als Arbeitsstuhl bestimmt. Auf einem Cassone-Bild von etwa 1480 sehen wir einen zierlichen Bronzesessel dieser Form auch einmal als Esstuhl verwandt. Von den mit Elfenbein eingelegten Sesseln („alla Certosina"), die vornehmlich in der Lombardei gearbeitet wurden, wie von den mit flacher Schnitzerei und Kerbschnitt dekorierten Klappsesseln aus dem Venezianischen und den Marken ist uns eine nicht unbeträchtliche Zahl erhalten; solcher Polstersessel in X-Form von Florentiner Herkunft lassen sich dagegen nur wenige in ihrer alten Ausstattung nachweisen (Abb. 32 und 33), während bei den französischen und englischen Sammlern sich noch manche in neuer Montierung mit alten Stoffen und Franzen finden. Von den gewöhnlichen Florentiner Klappstühlen aus früherer Zeit geben die folgenden Abbildungen (35 und 36) gute Beispiele.

Eine andere Art Sessel, der Wandsessel — wie man ihn nach seiner Bestimmung, gleich der cassapanca regelmässig an der Zimmerwand zu stehen, nennen darf — ist vom eigentlichen

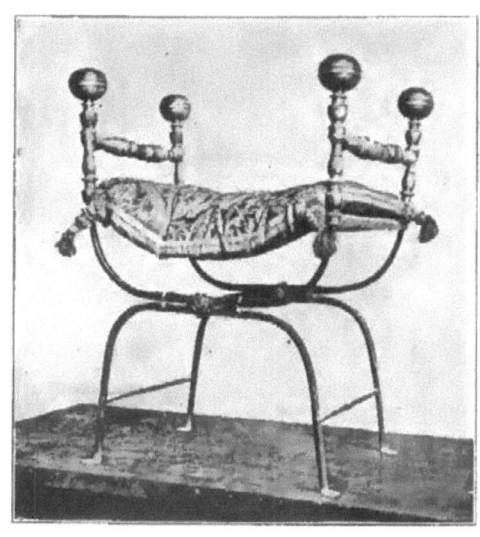

Abb. 31.
Florentiner X-Stuhl aus Bronze und Eisen.
(Sammlung Bardini, Florenz.)

Stuhl nur durch die Armlehnen, höhere Rücklehne, grösseren Umfang und die dadurch bedingte grössere Einfachheit und Monumentalität verschieden. Auch er ist in Florenz, wo wir ihn erst in der Hochrenaissance kennen, regelmässig in reicher Weise mit Stoff, meist mit rotem Sammet, seltener mit Leder bezogen und durch entsprechende Passementeriearbeiten ausgestattet. Fast die ganze Rücklehne und der Sitz, welcher (bei fehlendem Querholz) bis beinahe zur Mitte des Untergestells sich herabzieht, sind mit Stoff bespannt; Querhölzer, in der Regel auch die Lehnen u. s. f., sind unbezogen, kräftig, gerade und beinahe ganz glatt gehalten. Von ihrer vornehmen Wirkung geben ein paar hier abgebildete Sessel dieser Art (Abb. 36—38) einen richtigen Begriff. Freilich erscheinen sie uns heute etwas steif und unbequem; aber man darf nicht vergessen, dass sie durch ein weiches, grosses Kissen, das man in das

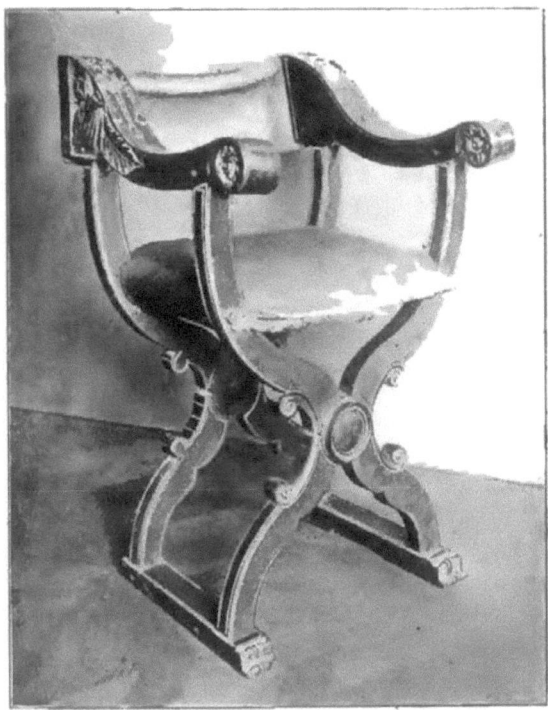

Abb. 32. Florentiner Sessel mit altem Lederbezug. bei Dr. A. Figdor in Wien.

hat noch ein besonderes Interesse dadurch, dass er nicht nur stellenweise vergoldet, sondern (zur Hebung der Schnitzarbeit) auch teilweise bemalt ist. Wie hier die Farben zu dem getönten tiefen Nussbaumholz und zum Gold gestimmt sind, dies bekundet wieder den echt künstlerischen Sinn der Zeit.

Die Räume eines modernen vornehmen Hauses, selbst wenn sie nicht von dem ausserordentlichen Umfang sind wie die Hauptzimmer der Florentiner Paläste, würde man sich nur „wohnlich" eingerichtet denken können mit einer Reihe von „Etablissements" um mehr oder weniger grosse Tische inmitten des Zimmers oder in den Ecken und an den Wänden desselben. Die Library im modernen englischen Hause, namentlich im Landhause, die allein an Umfang einigermassen den Verhältnissen italienischer Palasträume nahe kommt, hat eine Einrichtung der Art zum beliebtesten Raum im englischen Hause gemacht; und Aehnliches gilt vielfach von der Halle. Die Italiener der Renaissance, selbst in der an Luxus gewöhnten späteren Zeit, kannten ähnliche Bedürfnisse nicht. Für sie musste das Zimmer vor allem geräumig sein zur Aufnahme der Gäste und Versammelten; auf „Gemütlichkeit" wurde kein Anspruch gemacht. In der Regel finden wir daher im Florentiner Wohnzimmer höchstens einen Tisch, viereckig und von länglicher Form, kaum so breit als unsere modernen Tische, aber von bedeutender, selbst ausserordentlicher Länge, gewöhnlich zwischen 2 und 4 Meter lang. Nach dieser

Kreuz schob, viel bequemer gemacht wurden.

Der eigentliche Stuhl, die sedia, behält bis in die Hochrenaissance seine einfache Form und Ausstattung. In der Regel ist der Sitz in Stroh geflochten (das in den Zimmern oft mit einem Kissen bedeckt wurde, Abb. 39), im Palastzimmer mit kostbarem Stoff bezogen. In der Hochrenaissance erst wird die Rücklehne durch Einführung einer Galerie aus zierlichen gedrehten Stäbchen und durch Schnitzerei an den Querhölzern reicher geschmückt. Der nachstehend abgebildete niedrige Stuhl (Abb. 40) zeigt, wie Zweckmässigkeit, gute Verhältnisse und ausdrucksvolle Verzierung auch bei reicher und origineller Ausführung fast immer in glücklichster Weise gewahrt blieben. Er

I. Florenz und Toskana.

Form und Grösse sollte man annehmen, diese Tische hätten in erster Linie für die Tafel gedient; dies scheint aber regelmässig nicht der Fall gewesen zu sein. Um daran zu essen, sind fast alle diese Tische zu hoch; auch sind sie meist zu schmal für eine Tafel (gewöhnlich sind sie kaum einen Meter breit). Dafür scheinen, nach Bildern und Holzschnitten zu urteilen, innerhalb der Familie einfache Tische, bei grösseren Gastereien starke, über Böcke gelegte Bretter gedient zu haben, die durch die grossen, fast bis zum Boden herabhängenden und über Teppichen liegenden prächtigen leinenen Tafeltücher bedeckt wurden. Auch sie wurden gelegentlich dekoriert, freilich in einfacher Weise, wie ein aus Palazzo Strozzi stammendes Beispiel in der Villa Bardini vor Florenz beweist; es zeigt das geschnitzte Wappen Strozzi in zierlicher ornamentaler Einrahmung. Hier haben die Böcke auf der einen Seite zwei Beine, auf der anderen nur ein gerades Bein.

Abb. 34. Florentiner Klappsessel bei Dr. A. Figdor in Wien.

Abb. 33. Florentiner Klappsessel im S. Kensington-Museum zu London.

Der Florentiner Zimmertisch, wenn ich ihn so nennen darf, hat seinem Umfang entsprechende monumentale Formen. Er ruht auf zwei mächtigen Doppelfüssen nach antiken Vorbildern: breiten, reich ornamentierten Platten, die nach aussen jederseits kräftig ausgeschweift in eine Löwentatze ausgehen und oben unter der Platte gewöhnlich mit einem Löwenkopf oder einer Maske dekoriert sind. Im fünfzehnten Jahrhundert sind diese Tische (wohl nur für Räume im Erdgeschoss bestimmt) auch aus Marmor (Abb. 41), im sechzehnten Jahrhundert gelegentlich aus Bronze und Marmor. Sind sie, wie in der Regel, aus Holz, so fehlt bei grösserem Umfange zwischen den Beinen selten das Querholz, die „traversa", und der Uebergang zur Platte wird meist noch durch einen Untersatz, der direkt auf den Beinen aufliegt, vermittelt (Abb. 42). Beide pflegen in der Hochrenaissance, wie Füsse und Platten-

Abb. 35. Florentiner Klappstuhl im Kunstgewerbe-Museum zu Berlin.

bindungsstück zwischen den Beinen wurde, statt in die Mitte oder nahe unter die Tafel, an den Boden verlegt, so dass es als flache Platte unmittelbar auf dem Boden aufruhte und zu der Deckplatte ein glückliches Gegengewicht bot. Ein grosser Tisch, jetzt in amerikanischem Privatbesitz (Abb. 43), von dem eine Kopie in Schloss Friedrichshof sich befindet, giebt wohl die vorteilhafteste Anschauung von dem Geschmack und dem architektonischen Sinn der Florentiner Möbeltischler des Cinquecento. Dass auch hier die Naturfarbe des Holzes nicht rein zur Geltung kam, sondern mit einer dünnen rotbraunen Farbe gedeckt wurde, dafür ist der grosse mehr als 5 Meter lange Tisch in dem Oberlichtsaal der italienischen Skulpturensammlung des Berliner Museums ein charakteristisches Beispiel, eine venezianische Arbeit bald nach der Mitte des Cinquecento in dem stark von Florenz beeinflussten sogenannten Sansovino-Stil.

rand, sehr reich dekoriert zu sein. Gelegentlich, namentlich bei grossem Umfange des Tisches, erhielt derselbe entweder ein drittes Bein in der Mitte, oder das Verbindungsstück

Auch zum Schreiben wurde der grosse Zimmertisch in der Regel nicht benutzt; schon seit dem frühen Mittelalter hatte der Schreibtisch seine besondere Form

Abb. 36.

Abb. 37.

Florentiner Ledersessel im S. Kensington-Museum zu London.

und regelmässig auch einen besonderen Raum, aus dem mit der Zeit die Bibliothek wurde. Diese Form, aus den Miniaturen und Gemälden, namentlich mit den Darstellungen der Kirchenväter, allgemein bekannt, ist die des Schreibpultes, vielfach mit verschliessbaren Fächern zu den Seiten des Sitzes und mit schmalem schrägen Pult zum Schreiben. Erst im sechzehnten Jahrhundert begann man allgemein, diesen Aufsatz für sich zu gestalten, um ihn, als kleines zierliches Schreibpult in eingelegtem Holz oder mit fein ornamentiertem Leder oder Stoff ausgeschlagen, · zur Benutzung in jedem Raum und auf jedem beliebigen Tisch geeignet zu machen. (Vgl. Abb. 98.) Von diesen kleinen Aufsatz-Schreibpulten sind uns eine Reihe selbst noch aus dem fünfzehnten Jahrhundert erhalten, während ich mich nicht erinnere, von den älteren vollständigen Schreibpulten ein Original gesehen zu haben.

Abb. 38. Florentiner Sessel mit Sammetbezug.

Kleinere Tische, die geeignet waren, im Zimmer ihren Platz, wenn nötig, zu ändern, kamen mit den wachsenden Ansprüchen allmählich auf. Im Quattrocento sind diese Tische, von denen nur einige wenige von Florentiner Herkunft nachweisbar sind, meist gleichfalls von kräftigen Formen: mit starker runder sechs- oder achteckiger Platte, einem Fuss in der Form einer schlanken Vase, mit drei oder vier Beinen in Form von Delphinen, Löwenbeinen oder ähnlich (Abb. 44 bis 47). Im Cinquecento werden diese kleineren Tische leichter und reicher in der Dekorierung (Abb. 48); gewöhnlich sind sie im Aufbau den gleichzeitigen grossen Tischen ähnlich, erst gegen Ende des Jahrhunderts kommen solche mit vier schlanken Beinen mehr in Gebrauch.

Der eigentliche Schrank, in den Sakristeien und zum Teil auch in den öffentlichen Bauten unentbehrlich und mannigfach entwickelt, war im italienischen Wohnhaus der Renaissance eine Ausnahme. Statt des Kleider- und Wäscheschrankes diente dem Italiener die Truhe; als Bücher- oder Vorratsschrank benutzte er in der Regel Vertiefungen in der Wand, die meist offen waren. Nur die Credenz ist auch für Italien ein beliebtes Möbel, das schon in der Frührenaissance seine feste charakteristische Form erhält, als einstöckiger, breiter, mehrthüriger Schrank von mässiger Höhe, welche gestattet, die obere Platte als Serviertisch zu benutzen. Diese Form behält die Credenz bis zur Barockzeit fast unverändert bei; der wirkungsvolle architektonische Aufbau ist nur durch schlichte Profile und Ornamente

Abb. 39. Florentiner Stuhl mit Strohgeflecht im Kunstgewerbe-Museum zu Berlin.

ausgedrückt: anfangs meist durch Intarsien, später durch Schnitzerei (Abb. 49—51).

Eine reiche prächtige Belebung erhielt die Credenz bei Festen, indem auf zwei oder drei übereinander aufgestellten, mit Stoff bezogenen Aufsätzen das Tafelsilber sowie Prachtstücke in Majolika zur Schau gestellt wurden. Eine Reihe von Truhenbildern und Holzschnitten geben uns davon ein anschauliches Bild.

Aus der Credenz entwickelt sich im späteren sechzehnten Jahrhundert der kleinere zwei- oder selbst einteilige niedrige Schrank, der Kommode des Rokoko entsprechend, welcher in Aufbau und Ornamentation im wesentlichen der Credenz entspricht. Er ist regelmässig einthürig; nur ausnahmsweise finden sich solche mit zwei schmalen und dann meist nicht durch Pilaster geteilten Thürflügeln. Unserer modernen Kommode nahe verwandt ist ein grösseres Möbel, von dem mir nur das nachstehend wiedergegebene Exemplar (Abb. 52) bekannt ist, das vor etwa fünfzehn Jahren sich im Kunsthandel zu Florenz befand. Den Aufbau zeigt unsere Abbildung; der Dekor in Intarsia

besteht aus einfachen Palmettenfriesen, deren Zeichnung auf die Entstehung bald nach der Mitte des fünfzehnten Jahrhunderts schliessen lässt. Der Charakter ist echt florentinisch; auch wenn das Möbel vielleicht in Urbino oder sonst an einem Orte ausserhalb Toskanas entstanden sein sollte, so war der Künstler doch wahrscheinlich einer der vielen ausserhalb ihrer Heimat arbeitenden Florentiner.

Unserem modernen Schrank am ähnlichsten ist der Schreibschrank, entstanden im Laufe des Quattrocento mit der Verallgemeinerung der Fertigkeit im Schreiben, teils aus dem Bedürfnis zur Aufbewahrung der Briefe und sonstigen Skripturen wie der Schreibutensilien, teils aus dem Wunsch, alle diese Sachen beim Schreiben sofort zur Hand zu haben. Die Form dieses altitalienischen Schreibschrankes, der richtiger noch als florentinisch zu bezeichnen wäre, ist bis zu unserer Zeit fast unverändert geblieben. Von mässigem Umfang, fast doppelt so hoch als breit, besteht er aus einem oberen und einem unteren Teil. Der untere Teil, ausnahmsweise und in früherer Zeit in Tischform, gewöhnlich als zwei-

Abb. 40. Niedriger Florentiner Stuhl um 1550.

Abb. 41. Florentiner Tisch aus Marmor um 1475.

Abb. 42. Florentiner Tisch um 1550 im Kunstgewerbe-Museum zu Berlin.

Abb. 43. Florentiner Tisch um 1540 in amerikanischem Privatbesitz.

flügeliger Schrank gestaltet, trägt den etwas einspringenden oberen Teil von nahezu gleicher Höhe, der hinter einer nach unten aufklappenden Platte, welche geöffnet als Schreibtisch dient, die zahlreichen kleinen Fächer zur Aufnahme der Briefschaften u. s. f. enthält. Die frühesten mir bekannten Möbel dieser Art sind meist reich und geschmackvoll in Intarsia verziert; in der Hochrenaissance suchten die Tischler dagegen an dem Schreibschrank ihrer Lust im Schnitzen besonders genug zu thun, der Wertschätzung desselben durch ihre Auftraggeber entsprechend. Leicht thaten sie hier sogar des Guten zu viel, wie jene eigentümliche, vor ein paar Jahrzehnten sehr geschätzte Gattung von Schränken aus tiefgetöntem wirkungsvollen Nussholz mit pfeilerartig an den Seiten des Oberschränkchens übereinander aufgebauten Gruppen von kleinen Figuren und ähnlich behandeltem figürlich dekorierten Gesims beweist (Abb. 53). Wenn auch die besseren dieser Schränke im Aufbau und Ton, in den Verhältnissen und Profilen von vornehmer, kräftiger Wirkung sind, so reichte zu solchen figürlichen Darstellungen die Körperkenntnis der braven Florentiner Tischler denn doch in der Regel nicht aus. Als besonders schön sind mir ein Paar solcher Schreibschränke in der Eremitage zu St. Petersburg (aus der Sammlung Basilewski stammend) in der Erinnerung. Die ornamental dekorierten Arbeiten, obgleich auch zuweilen überreich geschmückt, verdienen vor diesen figürlich dekorierten regelmässig den Vorzug (Abbildung 54 und 55).

Auf Bildern und Holzschnitten sehen wir, dass der Schreibtisch in der Regel einen kleinen schrägen Aufsatz hatte, das Schreibpult, der häufig abzunehmen war. Im Aufbau, der durch den Zweck bestimmt ist, zeigt er in der ganzen Renaissance kaum eine Veränderung; im fünfzehnten Jahrhundert war er, wenn überhaupt, meist mit Intarsien verziert, im Anfang der Hochrennaissance finden wir daneben oder statt dessen gelegentlich den Schmuck mit Schnitzereien. Eines der seltenen erhaltenen Stücke, im Besitz von Alfred Beit in London (vgl. Abb. 98), ist an den Seiten mit Nereiden in Hochrelief geschmückt, die die Hand eines der tüchtigen Florentiner Holzschnitzer verraten,

Abb. 44. Florentiner Tisch vom Ende des 15. Jahrhunderts, früher in Florenz.

welche um 1525 die reichgeschnitzten Truhen herstellten.

Der Bücherschrank, die libreria, wenn auch selten, kommt doch gelegentlich im Florentiner Wohnhaus der Renaissance vor. Gewöhnlich wird er, wie auch regelmässig im siebzehnten und achtzehnten Jahrhundert, wandschrankartig eine oder mehrere Wände eingenommen haben. Einen solchen etwa 6 Meter breiten Schrank, in mehreren Abteilungen, aber leicht transportierbar, besitzt Fürst Johann Liechtenstein in Eisgrub (Abb. 56). Er ist von sehr feinen Verhältnissen und einfach, aber sehr geschmackvoll in Formen der Hochrenaissance dekoriert, die etwa auf die Mitte des sechzehnten Jahrhunderts weisen. Einen kleinen zweithürigen Bücherschrank, bei dem, wie bei dem Liechtensteinschen, das Unterteil geschlossen, das Oberteil offen ist und Drahtverschluss hat, besitzt das Kaiser Friedrich-Museum in Berlin; er ist im Dekor sehr zierlich und teilweise vergoldet. Wie reich und prächtig diese Bücherschränke gelegentlich schon im frühesten Quattrocento ausgestattet waren, beweist die Notiz, dass Lionello d'Este 1434 eine schon 20 Jahre früher für Paolo Giunigi in Lucca angefertigte Libreria wegen ihrer kunstreichen Form käuflich erwarb.

Zur gelegentlichen Ausstattung des Florentiner Zimmers gehören einige kleinere Möbel, namentlich der Büstenständer, der Wandspiegel und der Kleiderrechen. Sie treten, soweit mir bekannt, erst in der zweiten Hälfte des fünfzehnten Jahrhunderts auf. Die Büste des Quattrocento, die

Abb. 45. Kleiner Florentiner Tisch um 1450, früher in Florenz.

regelmässig glatt unter den Schultern oder unter der Brust abgeschnitten zu werden pflegte, fand ihren Platz auf den Gesimsen der Kamine oder der Thüren. Erst als man von der Brust nur noch einen Ausschnitt gab und diesen auf einen kleinen schmalen Sockel stellte, war die Aufstellung der Büste auf einem hohen Ständer und dadurch an jedem geeigneten Platze des Zimmers gegeben. Diese Ständer, sgabelloni, sind im sechzehnten Jahrhundert meist aus Holz geschnitzt und werden durch zwei schmale, nach oben sich etwas verjüngende, schräg gegeneinander gestellte und durch einen flachen simsartigen Aufsatz verbundene Bretter gebildet, welche unten in Löwenfüsse ausgehen und ausdrucksvoll in mehr oder weniger flachem Relief verziert sind. Sie sind bis auf die hohe Form dem Schemel beinahe treu nachgebildet, von dem sie im Italienischen auch den Namen

Abb. 46. Florentiner Tisch vom Ende des 15. Jahrhunderts bei Dr. A. Figdor in Wien.

entlehnt haben. Die nachstehende Abbildung (57) bietet ein paar treffliche Beispiele solcher Florentiner sgabelloni aus der Mitte des XVI. Jahrhunderts; das eine, jetzt im Besitz des Deutschen Kaisers, mit einfacherer kräftiger Schnitzerei und tief getönt, das andere reicher in flachem Relief dekoriert und heller im Ton bei teilweiser Vergoldung, in der Sammlung des Herrn Adolf von Beckerath in Berlin. Im vorgeschritteneren Cinquecento bilden meist kräftig geschnitzte Masken das Mittelstück der Dekoration.

Der Handspiegel, für die Befriedigung der menschlichen Eitelkeit das unentbehrlichste Stück und daher schon von den ältesten Kulturvölkern angefertigt und künst-

Abb. 47. Florentiner Tisch um 1550, früher in Florenz.

Abb. 48. Florentiner Tisch um 1540, aus Pal. Torregiani.

Abb. 49. Florentiner Kredenz um 1560, früher in der Sammlung Bardini in Florenz.

lerisch oft aufs reichste ausgestaltet, war auch im ganzen Mittelalter ein beliebtes Prunkstück. Der Wandspiegel scheint dagegen, wie der seltener vorkommende Standspiegel (von dem wir ein hervorragend schönes Beispiel aus dem South Kensington-Museum nachstehend wiedergeben; Abb. 58), erst gegen den Ausgang des Mittelalters aufgekommen zu sein; Giovanni Arnolfini und seiner Gattin jedem Kunstfreunde bekannt ist, war mehr geeignet, ein malerisches Kleinbild des Zimmers zusammenzufassen, wie die menschlichen Züge wiederzugeben; zur Toilette war er so gut wie ungeeignet.

In Italien ist daher der Wandspiegel, soviel ich weiss, erst im Laufe des fünfzehnten Jahrhunderts, mit der Vervoll-

Abb. 50. Florentiner Kredenz um 1550, Sammlung Bardini in Florenz.

sein; konnte doch die polierte Metallplatte nur klein sein und, nach Erfindung des Spiegelglases, auch dieses nur in sehr kleinem Umfang hergestellt werden, so dass beide für eine gewisse Entfernung und bei nicht besonders scharfem Lichte, die mit dem Wandspiegel unzertrennlich sind, wenig verwendbar waren. Der konvexe Glasspiegel, der im Norden mit dem Anfang des fünfzehnten Jahrhunderts auftritt und aus Jan van Eycks Doppelbildnis des kommnung der Herstellung und Politur grösserer Metallplatten, aufgekommen, und zwar etwa gleichzeitig in Florenz und Venedig. Dem Bilderrahmen der Bestimmung nach sehr verwandt, hat der Florentiner Wandspiegel mit diesem die reiche und geschmackvolle Erfindung wie die stilvolle und höchst vollendete Durchbildung gemein, ist aber doch wieder eigenartig gestaltet. Der Rahmen, der das kostbare Bild umgiebt, ist nur bestimmt,

I. Florenz und Toskana.

Abb. 51. Florentiner Truhe um 1540 im Kunstgewerbe-Museum zu Berlin.

dasselbe in vorteilhaftester Weise abzuschliessen und dadurch noch zu heben; deshalb ist er in der Renaissance, namentlich in Florenz, verhältnismässig schmal. Die Platte des Spiegels, regelmässig nur klein (etwa 20 bis 30 cm in der Höhe, bei wenig geringerer Breite) und nicht nur ohne eigenen Reiz, sondern selbst störend durch die Blendung, die sie hervorruft, wird daher regelmässig durch einen bemalten Schiebedeckel versteckt; so erhält der Spiegel seinen künstlerischen Wert erst durch den Rahmen, der daher verhältnismässig umfangreich gehalten und möglichst reich dekoriert ist. Wie kostbar und wie wertvoll den Eigentümern der Spiegel in dieser Zeit war, geht daraus hervor, dass wohl kein

Abb. 52. Kommodenartiges Möbel um 1475, früher in Florenz.

anderes Möbel so fein abgewogen in den Verhältnissen, so zart in den Profilen, so gewählt und vollendet in der Zeichnung und Durchführung der Ornamente ist wie gerade eine Anzahl der uns erhaltenen Spiegel vom Ende der Frührenaissance und aus der Hochrenaissance.

Es ist uns noch eine beträchtliche Zahl zum Teil vortrefflicher Spiegel dieser Art erhalten, die sich namentlich bei den reichen Sammlern in Paris und in einzelnen Exemplaren in den Museen, namentlich im South Kensington-Museum, befinden. Von den hier abgebildeten ist der eine im Besitz des Herrn A. von Beckerath zu Berlin (Abb. 59), der zweite in Schloss Friedrichshof (Abb. 60). Ersterer kennzeichnet sich als ein Werk vom Anfange der Hochrenaissance. Er zeigt nicht nur in dem Geschmack, mit dem Flach- und Hochrelief, kräftigere und schwächere Ornamente wechseln, wie in der klassischen Durchbildung derselben, dass Bildschnitzer, die in ihrer Art den gleichzeitigen Bildhauern kaum nachstanden, solche Stücke arbeiteten: auch die sonderbaren und gelegentlich geradezu absonderlichen Motive, die sich in die Dekoration namentlich des leichten und daher besonders reichen, fast frei gearbeiteten Aufsatzes einschleichen, verraten die gleiche Phantasie und Erfindung, die wir in den frühesten Arbeiten der bahnbrechenden Meister in der Plastik der Hochrenaissance, vor allem bei Andrea Sansovino, entdecken. Jene aufgerollten Schlangenleiber, nackten Putten, deren Beine in Vasen mit Flammen ausgehen und deren Hände Flammen halten, jene aufrecht stehenden Schilde, Schlangen- oder Fischleiber mit Menschen-

Abb. 53. Florentiner Schreibschrank vom Ende des 16. Jahrh. Privatbesitz.

masken, zu Voluten aufgerolltes Bandwerk und ähnliche Erfindungen, aus der Vorliebe für schwierige allegorische Beziehungen wie unter dem Einfluss der eben damals in Rom aufgedeckten antiken Grotesken entstanden, finden wir ganz ähnlich in Andrea Sansovinos Altarnische in S. Spirito in Florenz, in seinen Grabmälern in S. Maria del Popolo, Araceli u. s. f. Sie bieten ein eigentümliches Gemisch unausgebildeter phantastischer Motive von stilwidrigen, gefährlichen Formen für die Dekoration, in denen ein wildes Barock sich einzuschleichen scheint, das aber durch das Vorherrschen von schönen, bedeutenden Konturen und durch bescheidene Unterordnung des fremdartigen Details unter die Gesamtwirkung meist nicht in die Augen fällt. Für die gesunde Kraft der künstlerischen Gestaltung dieser Zeit ist es ein charakteristisches Zeichen, wie rasch diese heterogenen Elemente ausgeschieden oder stilvoll umgestaltet wurden.

Abb. 54. Florentiner Schrank um 1550 im Kunstgewerbe-Museum zu Berlin.

Die kräftigen, ausladenden Formen der vorgeschrittenen Renaissance unter Michelangelos Einfluss (richtiger als Frühbarock bezeichnet) kommen in den kleinen Wandspiegeln ebenso vorteilhaft zur Erscheinung wie die der früheren Zeit und werden durch die fein gestimmte Farbe des Holzes, die Vergoldung der Höhen und den tiefen bronzefarbenen Ton, den die Farbe mit der Zeit angenommen hat, noch so sehr gehoben, dass es begreiflich ist, wenn diese Stücke schon seit Jahrzehnten von den verwöhntesten, reichsten Sammlern mit Vorliebe aufgekauft worden sind. Dieser nachstehend abgebildete Spiegel, früher im Besitz der Kaiserin Friedrich (Abb. 60), bietet ein gutes Beispiel dafür; er besitzt noch seinen alten Verschluss durch ein Bild in der Art der Vasaris. Bei einem ähnlichen einfacheren Spiegel im Besitz des Herrn A. von Beckerath in Berlin (Abb. 61) ist dieser Verschluss durch einen Schiebedeckel mit intarsiertem Holz gebildet.

Das Kamin behielt während der Renaissance seinen hervorragenden Platz und erhielt daher in den Palästen und Villen häufig eine sehr reiche künstlerische Ausbildung; die Ausstattung des Kamins blieb aber in Florenz verhältnismässig einfach. Während in Venedig die Feuerhunde (alari) als reiche Aufbauten aus Bronze mit einer Figur als Abschluss gebildet wurden, sind diese in Florenz, wie im Mittelalter, regelmässig aus Eisen und verhältnismässig einfach behandelt sind. Ein besonderer Luxus wird im sechzehnten Jahrhundert auf das Schnitzwerk des Blasebalgs verwandt, dessen Dekor ganz im Charakter der geschnitzten Truhen im Stil des jüngeren San Gallo, der Tassi, Baccio d'Agnolo u. a. gehalten ist. Besonders schöne Beispiele bietet wieder die Sammlung des South Kensington-Museums (Abbild. 58 u. 62.)

Auch der Kleiderrechen, attaccapanno oder capellinaro, ist von den Florentinern künstlerisch gestaltet worden. Aus dem sechzehnten Jahrhundert sind uns zahlreiche erhalten, die freilich durch den Kunsthandel mehr und mehr in Privathände übergehen und dadurch verschwinden. Aus dem fünfzehnten Jahrhundert kenne ich nur ein vor etwa zwölf Jahren im Besitze von Stefano Bardini befindliches Stück; es stammt, nach dem Wappen darauf, aus dem Besitz des Herzogs Federigo von Urbino. An einem zum Hängen eingerichteten Brett, das an den Seiten von sehr gestreckten Konsolen eingerahmt ist, die das kräftige Gesims tragen und auf einer schmalen Leiste als unteren Abschluss

Abb. 55. Florentiner Schrank um 1550 bei A. Beit in London.

in der Form. Doch sind sie schön im Aufbau und oft von sehr feiner stilmässiger Durchbildung, gerade wie die Gabeln, Schaufeln und übrigen Ausstattungsstücke des Kamins, die im gleichen Charakter

Abb. 56. Florentiner Bücherschrank um 1560 bei Fürst Liechtenstein in Eisgrub.

Abb. 57. Florentiner Büstenständer in Berliner Privatbesitz.

aufstehen, sind vier gedrehte Kleiderhaken angebracht. Der Dekor ist einfache Intarsia, in der auch das grosse Wappen Montefeltre in der Mitte ausgeführt ist. Die capellinari aus dem Cinquecento sind im Aufbau im wesentlichen gleich, nur sind sie niedriger und meist breiter, um eine grössere Zahl der zierlich gedrehten Holzstifte zur Aufnahme der Kleider und Hüte enthalten zu können, wie die späteren Abbildungen (63 und 64) zeigen. Das Rahmenwerk ist im wesentlichen mit den gleichzeitigen Bilderrahmen übereinstimmend, und auch, wie bei diesen, gelegentlich mit Gold gehöht. Ein paar Lackfarben, die zuweilen in den Wappen angebracht sind, erhöhen den Reiz dieser eigenartigen, für den Geschmack der florentiner Möbelkünstler besonders bezeichnenden Möbel.

Noch ein Möbel müssen wir auch in der Renaissance unter den Zimmermöbeln aufführen: das Bett, das letto, lettiere oder lettuccio, wie es nach seiner alten grossen Form gewöhnlich genannt wird. Es gehört zu den notwendigsten und wichtigsten Möbeln, auch in der Renaissance, und ist dementsprechend behandelt worden. Das Bett des vornehmen Ehepaares stand im Zimmer der Hausfrau, die Betten der verheirateten Kinder, der Anverwandten, der Gäste in den für diese bestimmten Zimmern. Im Zimmer der Frau nahm das ausserordentlich umfangreiche Bett, ein wahres „mobile immobile", das, gerade wie im

Mittelalter, kastenartig bis zum Boden ging und ringsum von einem hohen Trittbrett umgeben war, einen so bedeutenden Platz ein, dass der Eindruck des Frauengemachs, wie der des Empfangszimmers durch den Thron oder durch die cassapanca, im wesentlichen durch das Bett bestimmt wurde. Da aus dieser Zeit Betten von florentiner Herkunft nicht mehr bekannt sind, so müssen wir die Vorstellung derselben aus den erhaltenen Stücken vom Ende des Cinquecento und namentlich aus gleichzeitigen Bildern und Illustrationen entnehmen, die uns ein reiches Material liefern. Ich erinnere an ein paar der bekanntesten Fresken von Florenz: für das Quattrocento an Ghirlandajos Geburt Johannes des Täufers in der Novella, für das Cinquecento an Andrea del Sarto's berühmte Komposition des gleichen Gegenstandes im Vorhof der Annunziata (vgl. Abb. 22). Seinem Umfang und seiner Unbeweglichkeit entsprechend ist das florentiner Bett, selbst in der vorgeschrittenen Zeit der Hochrenaissance, einfach und meist gradlinig in den Formen und schlicht in der Dekoration; letztere ist im Quattrocento gewöhnlich auf einige

Abb. 58. Italienischer Blasebalg und Standspiegel im South Kensington-Museum zu London.

Abb. 59.
Florentiner Spiegelrahmen um 1510 im Besitz des Herrn A. von Beckerath zu Berlin.

durch Intarsien hergestellte Ornamente, im Cinquecento auf bescheidene geschnitzte Ornamente beschränkt. Das Bett erscheint darin ähnlich behandelt wie der gleichfalls wenig bewegliche Thron und die cassapanca, nur meist wesentlich einfacher im Schmuck. Auch der Baldachin, der z. B. in Venedig, in einer reicheren Einrichtung wenigstens, im sechzehnten Jahrhundert über dem Kopfende des Bettes selten fehlte, scheint in Florenz erst gegen Ende. dieser Zeit sich eingebürgert zu haben. Er pflegt dann von vier Säulen getragen und auf der Innenseite mit einem Gemälde geschmückt zu sein.

Gelegentlich in dieser späteren Zeit, namentlich für fürstliche Persönlichkeiten, wurden ausserordentlich prachtvolle Betten gearbeitet, die bald mit kostbaren Hölzern,

Elfenbein und selbst mit Edelmetallen eingelegt, bald reich geschnitzt oder von hervorragenden Malern mit kleinen Bildern ausgestattet wurden. Solche Stücke kamen mit der Ausstattung der Braut in den Palast und waren dann das hervorragendste Prunkstück desselben, wie aus den (für Hausmöbel ganz ungewöhnlichen) Beschreibungen solcher Ehebetten bei Vasari und anderen Zeitgenossen hervorgeht. Gelegentlich eines solchen Bettes, das Pier Francesco Borgherini durch Baccio d'Agnolo hatte schnitzen und durch A. del Sarto, Pontormo, Granacci und Bacchiacca hatte bemalen lassen, erzählt Vasari eine rührende Geschichte von der Gattin des Bestellers, Margherita Acciajuoli, die in der Abwesenheit ihres Mannes den Agenten Franz' I. von Frankreich energisch abwies, als er ihr ein hohes Gebot für den König auf dieses Prachtbett machte.

Ein kleineres Ruhebett auf kurzen gedrehten Füssen, der modernen chaise longue ähnlich und, vom Rokoko übermittelt, das Vorbild derselben, aber in seiner Ausstattung mit Matratze, Unterbett, Kissen und Laken ganz als Bett behandelt, kommt etwa seit dem Anfang des sechzehnten Jahrhunderts vor. Seine einfache Form war durch die Anforderungen an die Bequemlichkeit bestimmt, und seine Ausstattung war ganz Sache des Tapezierers. Ein erhaltenes Stück ist mir nicht bekannt; doch sehen wir es nicht selten in Bildern von Giulio Romano und Tizian, auf Stichen Marc Antons u. s. f. Neben dem Bett kommt in der Renaissance auch die Wiege öfter vor, von deren künstlerischer Gestaltung das beistehend abgebildete Exemplar im Kunstgewerbe-Museum zu Köln einen guten Begriff giebt (Abb. 65).

Die Wände in den Zimmern der Florentiner Paläste und Häuser waren auch zur Zeit der Renaissance in der Regel gestrichen, farbig und mit verschiedenartigen Flächenmustern, wie sie beim Abbruch der alten Häuser am Mercato Vecchio in Florenz zu Tage kamen und wie sie Stefano Bardini in den Zimmern seiner Villa hat kopieren lassen. Täfelungen finden wir nur ganz ausnahmsweise; ebenso Stoffbekleidungen. Die Wände der Schlafräume sehen wir gelegentlich mit Behängen aus kleinen Tierfellen bekleidet, wohl nur im Winter der Wärme wegen. Nur die Reichsten konnten sich im fünfzehnten Jahrhundert für die Staatsräume den Luxus der Wandbekleidung durch Gobelins gönnen, da diese niederländischen Webarbeiten sehr

Abb. 60.
Florentiner Spiegel um 1540 im Schloss Friedrichshof.

kostspielig waren. Selbst im Mediceerbesitz gehörten sie im fünfzehnten Jahrhundert noch zu den Seltenheiten, wie die Inventare beweisen. Bald nach der rend des ganzen Quattrocento waren die hier ausgeführten Arbeiten nur unbedeutend und wenig zahlreich. Später verhinderte die Revolution in Florenz ein Aufkom-

Abb. 61.
Florentiner Spiegel um 1550 im Besitz des Herrn A. v. Beckerath zu Berlin.

Mitte des fünfzehnten Jahrhunderts kamen zuerst niederländische Teppichweber, die in Ferrara ansässig waren, von Siena, wo sie sechs Jahre gearbeitet hatten, auf einige Zeit nach Florenz, aber während men der Gobelinindustrie. Erst Cosimo I. konnte an die Gründung einer Gobelinfabrik denken, für die er 1545 die Niederländer Nicolas Karcher und Jan Rost aus Ferrara berief. Dank dem Interesse dieses

Fürsten hat es die Fabrik rasch zu hoher Blüte gebracht; was sie seit der Mitte bis gegen Ende des Jahrhunderts hervorbrachte, steht weit über den damaligen Leistungen an anderen Orten, auch in Flandern, und ist in Erfindung wie in Farbe ganz originell. Der Teppichcharakter ist darin besser gewahrt als in den bilderartigen flandrischen Gobelins des fünfzehnten und namentlich des sechzehnten Jahrhunderts. Für die Wanddekoration in Florenz überhaupt lassen diese, noch in beträchtlicher Zahl in den florentiner Museen erhaltenen Wandteppiche, die von Karcher namentlich nach Cartons von Bacchiacca, Bronzino, Poccetti u. a. angefertigt wurden, wichtige Rückschlüsse zu. Der Dekor ist vorwiegend ornamental, phantastisch und zierlich im Aufbau, hell und zart in den Farben auf goldgelbem Grunde. Verwandt, aber noch leichter ist die Zeichnung der dekorativen Malereien und Stuckornamente an den Decken und die ähnliche Malerei der Glasgemälde in den Fenstern. Den farbigen Eindruck der Räume vervollständigten schliesslich noch die orientalischen Teppiche, deren jedes vornehme Haus auch in Florenz seit dem fünfzehnten Jahrhundert eine mehr oder weniger grosse Zahl aufzuweisen hatte.

Trotz seiner grossen und kräftigen Formen und des bedeutenden Umfanges gewisser Stücke war das Mobiliar des florentiner Zimmers in der Renaissance doch durch seine geraden, monumentalen Formen und durch seine Aufstellung an der Wand geeignet, die Grossräumigkeit

Abb. 62. Florentiner Blasebälge im South Kensington-Museum zu London.

des Zimmers und dessen architektonische Verhältnisse eher noch zu heben als einzuschränken. Mit der reichen und farbigen Ausbildung und Ausstattung von Fussböden, Decke und Wänden, die in ihrer hellen Farbe und leichten Zeichnung jene grossräumige Wirkung noch verstärkten, gab das Mobiliar dem Zimmer einen ausserordentlich vornehmen prächtigen Eindruck. Den bemalten Wänden, gelegentlich mit Täfelung in bunter Intarsiaverzierung oder mit Stoffbezug, der gewölbten blau gefärbten Decke der Erdgeschossräume, der bemalten und vergoldeten Holzdecke und dem Fussboden in farbiger Steinmosaik oder in glasierten Robbiafliesen im ganzen fünfzehnten Jahrhundert entsprechen die in verschieden Hölzern intarsierten, vergoldeten oder bemalten und mit farbenprächtigen Stoffen

Bode, Italienische Hausmöbel der Renaissance.

Abb. 63. Florentiner Kleiderrechen im South Kensington-Museum zu London.

ausgestatteten Möbel. Im sechzehnten Jahrhundert, wo die Wände den ruhigeren Schmuck der Gobelins und später der Stoffe erhalten, wo die Decken aus braunem, mit Gold aufgelichtetem, nur selten bemaltem Holz zusammengesetzt und die weissen Gewölbe mit leichten Dekorationen in bemaltem Stuck verziert oder ornamental bemalt werden, und wo der Fussboden einfachere Muster von mattfarbigen Steinplatten zeigt, lässt man dem Holz der Möbel seine Farbe, die man nur durch Tönung tiefer stimmt und gelegentlich durch fein getönte Vergoldung hebt; dafür belebt man sie durch kräftigere Profile und Ausladungen, wie durch Schnitzereien und giebt ihnen durch die reichen Farben der Polsterungen, Kissen, Decken und Teppiche den wirkungsvollsten Gegensatz.

Von der Eigenartigkeit und Mannigfaltigkeit, von dem Reichtum und der Pracht des Zimmers eines florentiner Palastes oder einer florentiner Villa, wie von der dabei gewahrten vornehmen Ruhe und Harmonie der Gesamtwirkung können wir uns bei dem Mangel an architektonischem und koloristischem Sinn, an dem unsere Zeit trotz angeblicher Fortschritte noch immer leidet, nur schwer eine Vorstellung machen, da uns solche Räume in ihrer Vollständigkeit leider nicht

Abb. 64. Florentiner Kleiderrechen bei Stefano Bardini in Florenz.

mehr erhalten sind. Vollständige alte Zimmer und Zimmereinrichtungen, wie die Schweizer Zimmer, die das Schweizer Landesmuseum in so beträchtlicher Zahl vorführt, sind aus der Zeit der florentiner Renaissance leider nicht mehr erhalten und auch von den Museen nicht rechtzeitig gerettet worden. Bei den wenigen Versuchen, solche Zimmer in Museen zu rekonstruieren, sind regelmässig in moderne Räume von unglücklichen Verhältnissen und Dekorationen vereinzelte, meist geringere und mehr oder weniger verdorbene Möbel aus den verschiedensten Teilen Italiens und aus verschiedenen Zeiten in willkürlicher und überhäufter, wenn nicht in magazinartiger Weise zusammengewürfelt. Weit glücklicher ist die Herrichtung der Bardinischen Villa, der alten Villa Capponi, vor Florenz mit lauter alten oder treu kopierten Dekorationen und echten, unberührten florentiner Möbeln und Architekturstücken des fünfzehnten und vom Anfange des sechzehnten Jahrhunderts. Am richtigsten wird aber immer noch das Bild sein, welches wir aus den Nachbildungen auf Fresken, Gemälden und Illustrationen zu gewinnen im stande sind, wenn sie auch regelmässig nebensächlich behandelt und zu unvollständig sind.

Abb. 65. Florentiner Wiege im Kunstgewerbe-Museum zu Köln.

Abb. 66. Venezianische Stucktruhe im South Kensington-Museum zu London.

II. Venedig und die terra ferma.

Der venezianische Hausrat war zu allen Zeiten abhängig vom venezianischen Wohnhaus. Dieses hat infolge der Lage Venedigs mitten im Meer, auf einer Reihe von kleinen, durch zahllose Kanäle durchschnittenen Inseln, sehr eigenartige Formen und Grundriss. Dadurch sind auch die venezianischen Möbel sehr eigenartig, von denen des übrigen Italiens mehr oder weniger abweichend.

Das Haus des vornehmen und des wohlhabenden Venezianers lag und liegt heute noch mit seiner Hauptseite nach einem Kanal — womöglich nach dem Kanal, dem canale grande, — mit der Rückseite nach einer Strasse. Von beiden Seiten hat es einen Eingang; der Haupteingang ist aber der vom Kanal aus, denn die Gondel ist das eigentliche Verkehrsmittel Venedigs; der Strasseneingang führt über den kleinen Hof oder daneben her. Diese Eingänge leiteten beiderseits in den langen niedrigen Vorraum, der vom Kanal bis zum Hof durchs ganze Haus gerade durchgeht, und zu dessen Seiten alle Wirtschaftsräume liegen. An einer Seite führt die Treppe, nicht ganz so schmal aber fast ebenso steil wie in den Palästen von Florenz, zum Hauptgeschoss, das in der gleichen Weise disponiert ist. Ueber der Eingangshalle, richtiger dem Korridor, liegt in gleicher Form und Ausdehnung der grosse Hauptraum, wesentlich höher als im Erdgeschoss und sehr viel heller, da er nach beiden Seiten mit hohen Arkadenfenstern abschliesst; ein Vorraum für die beiderseits anschliessenden kleineren Wohnräume und zugleich Empfangs- und Festhalle, der Lieblingsaufenthalt der Venezianer und dementsprechend an den langen Seitenwänden galerieartig mit Gemälden oder Gobelins geschmückt. Im Obergeschoss sind die Schlafzimmer und andere Nebenräume. Fehlte es, in den ältesten und beschränktesten Teilen der Stadt, an Raum, so legte man die Treppe auch wohl in den Hof: als Freitreppe bis in das oberste Stock hinauf oder turmartig als Wendeltreppe.

Einfachheit und Grossräumigkeit, die den Grundzug dieses Planes bilden, war auch bei der Möblierung des Hauses massgebend, in gotischer Zeit wie zur Zeit der Renaissance, des Barocks und Rokoko. Die alte Einrichtung einiger Säle im Dogenpalast und in einzelnen Scuole, sowie, aus späterer Zeit freilich, in einigen wenigen Palästen geben uns heute noch ein ziemlich treues Bild der Ausstattung der venezianischen Paläste der Renaissance. Keine Einbauten, keine grossen Möbel oder ganze Etablissements hinderten den freien Blick oder die freie Bewegung, namentlich im grossen Hauptsaal; die Möbel waren vielmehr fast ganz auf die Wände beschränkt; sie liefen als Bänke, meist am Paneel befestigt, oder als Truhen an den Wänden lang, lehnten als Tische und als Betten in den Schlafzimmern an den Wänden, welche darüber mit langen, niedrigen Gobelins, den verdure, ausgeschlagen waren, und mit Börden nach oben abschlossen. Diese waren mit allerhand Hausutensilien für den täglichen Gebrauch: Leuchtern, Lampen, Schachteln, Vasen u. s. f., bei den Reichen, Gelehrten und Kunstliebhabern auch mit allerhand Werken alter und neuer Kleinkunst, mit Instrumenten, Büchern und Aehnlichem besetzt. Die Wand darüber schmückten im Saal grosse Gemälde oder Gobelins, in den Zimmern ein kleiner Spiegel oder ein Gemälde, vor allem eine „griechische" Madonna in reichem Tabernakel mit kleiner Lampe und kostbarem Seidenvorhang davor, der auch den Spiegel schützte.

Wenn wir im einzelnen diesen Möbeln für die Zeit der Renaissance nachgehen wollen, so stossen wir auf ausserordentliche Schwierigkeiten. Während wir von Florentiner Truhen des fünfzehnten Jahrhunderts noch hundert und mehr nachweisen können, während auch Tische noch in ziemlicher Zahl erhalten sind und von anderen Florentiner Möbeln des Quattrocento wenigstens noch das eine oder andere Stück vorkommt, ist aus dieser Zeit, vom Mittelalter ganz zu schweigen, von venezianischen Hausmöbeln, so viel ich weiss, bis auf ein paar Spiegel und ähnliche kleine Ausstattungsstücke, kaum ein Stück erhalten.

Und doch waren die Einrichtungen der venezianischen Häuser, wie uns die sorgfältigen Nachlassinventare beweisen, ausserordentlich reich; Venedig ist dank seiner Lage verschont geblieben von Plünderungen, Erdbeben, verheerenden Feuersbrünsten und ähnlichen grossen Unglücksfällen, die an anderen Orten mit Kunstwerken und Einrichtungsstücken oft furchtbar aufgeräumt haben: wie sich dieses vollständige Fehlen aller Hausmöbel aus alter Zeit in Venedig erklärt, erscheint daher wie ein Rätsel. Denn die Verkommenheit der Stadt und fast aller Familien seit der Napoleonischen Zeit bietet allein keinen genügenden Grund dafür, da die alten Möbel, die bis zur Mitte des neunzehnten Jahrhunderts fast ganz unbeachtet blieben und wertlos waren, gerade unter so trostlosen Verhältnissen, wie sie Venedig in dieser Zeit bietet, sich am ersten, auf Söllern oder selbst im Gebrauch, erhalten mussten. Wahrscheinlich ist es, dass vielmehr der Umstand, dass Venedig bis zum Verlust seiner Herrschaft reich und blühend war, den grössten Luxus entfaltete und daher noch im achtzehnten Jahrhundert eine ähnliche Rolle spielte, wie seitdem Paris, die Veranlassung war, dass man auch im Hause stets ganz modern eingerichtet sein

Abb. 67.   Venezianische Stucktruhe im Kunstgewerbe-Museum zu Berlin.

Abb. 68. Venezianische (?) Truhe im Privatbesitz.

wollte und daher ältere Möbel regelmässig ausschied, die dann rasch zu Grunde gingen. Aber auch dann bleibt es schwer verständlich, dass — um nur ein Beispiel zu nennen — von den vielen tausend durch Bemalung, Schnitzerei oder eingelegte Arbeit geschmückten Truhen, die nach den Inventaren in den letzten Jahrzehnten des fünfzehnten Jahrhunderts in den venezianischen Häusern sich befanden (in jedem Hause werden ein oder zwei Dutzend in den Inventaren aufgeführt), nur ganz wenige noch erhalten sind.

Wie im Florentiner Haus, so ist auch im venezianischen das wichtigste Möbel die Truhe, die cassa oder forzier, wie sie in Venedig genannt wurde. Ja, hier spielt sie noch eine bedeutendere Rolle wie in Florenz. Wir finden in den Inventaren des fünfzehnten und im Anfang des sechzehnten Jahrhunderts zehn oder zwölf, ja zwanzig und mehr Truhen aufgeführt und zum Teil sogar beschrieben, aber nicht einen Tisch oder auch nur einen Stuhl oder Schemel daneben. Dies mag zum Teil darin seinen Grund haben, dass diese alltäglichen Möbel, namentlich im Quattrocento, so einfach und wertlos zu sein pflegten, dass man sie deshalb nicht besonders aufführte, aber es beweist doch, welche Bedeutung die Truhe damals hatte, und dass man sie vor allen anderen Möbeln künstlerisch auszugestalten liebte.

In der That vertrat die Truhe in Venedig nicht nur Schrank und Kommode, sondern teilweise auch Stuhl und Tisch. Die venezianischen Truhen sind in der Regel niedrig und mit flachem Deckel und wurden dann als Bank zum Sitzen benutzt; gelegentlich sind sie aber sehr hoch und dann wurden sie als Tisch gebraucht. Die Gemälde und Holzschnitte der Zeit geben uns für beides den Beweis. Die stilvolle, knappe Behandlung des Holzschnittes am Ende des Quattrocento giebt jedoch auch die Möbel nur in ganz schematischer, rudimentärer Form; für ihre Details sind wir daher auf die kurze Beschreibung der gleichzeitigen Inventare und auf Schlüsse aus den erhaltenen Truhen des Cinquecento resp. aus den gleichzeitigen toskanischen Stücken angewiesen. Danach waren die frühen venezianischen Truhen, sobald sie künstlerisch ausgestattet wurden, was in den Häusern der Wohlhabenden vielfach, wenn nicht zumeist der Fall war, entweder bemalt oder mit eingelegter Arbeit verziert. Ersteres war die Regel. Die gewöhnlichen Truhen zeigten das Wappen der Besitzer und Ornamente auf farbigem Grund, die feineren hatten figürliche Darstellungen. Die selteneren intarsierten Truhen waren in der Regel hoch und eckig und wurden daher auch als Tische benutzt, um kleinere Gegenstände darauf unterzubringen oder aus der Hand zu stellen (vgl. Abb. 51). Geschnitzte Truhen waren in Venedig bis in den Anfang des Cinquecento anscheinend selten und finden sich wohl überhaupt erst in den letzten Jahrzehnten des Quattrocento. Soweit wir aus solchen etwas jüngeren Stücken und aus den venezianischen Rahmen vom Ende des fünfzehnten Jahrhunderts schliessen können, waren sie mit zierlichen flachgehaltenen Kandelabern und Blattornamenten verziert; doch wird, wie bei den Rahmen, die Ausführung in Stuck statt der eigentlichen Schnitzerei die Regel gewesen sein. Dies zeigt eine Reihe schöner Truhen mit Stuckornamenten, die im Anfang des sechzehnten Jahrhunderts entstanden sein müssen, und namentlich im Berliner Museum und im South Kensington-Museum erhalten sind (Abb. 67 und 68).

Neben der Truhe ist die niedrige mit der Wand verbundene Bank das regelmässige Sitzmöbel der Venezianer. In der Halle und in dem grossen Zimmer darüber laufen sie an beiden Seiten entlang, und ähnlich ist es in den übrigen Wohnzimmern und Kammern. Sogar bei den Mahlzeiten sass man auf diesen schmalen Wandbänken, vor denen der Esstisch aufgestellt wurde, dessen zweite lange Seite nach der Mitte des Zimmers zu frei blieb, damit die Diener die Speisen bequem auftragen konnten. Daneben finden sich Stühle und Hocker nur spärlich und in einfachster Form und Ausführung; in der Küche und Kammer regelmässig, in den Zimmern, auch der Paläste, nicht selten mit Strohgeflecht bedeckt. Aehnlich einfach waren die Tische: in der Regel nur Bretter, die man über Böcke legt und mit Laken und orientalischen Teppichen bedeckte, die man jederzeit beiseite räumen konnte. Erst gegen Ende des Quattrocento kommen, scheint es, grosse Tische auf, die den Florentiner Tischen verwandt sind (Abb. 69). Seitdem durch Sansovino die Florentiner Kunst stärkeren Einfluss auch auf das venezianische Kunstgewerbe genommen hatte, sind die Formen auch der Tische den florentinern noch ähnlicher.

Neben jenen gewissermassen fliegenden oder provisorischen Möbeln gab es aber, wie wir aus Abbildungen sehen, einzelne Luxusmöbel: Sessel wie Tische, die sich in den Häusern einiger der vornehmsten Familien fanden (Abb. 70). Einige Prachtstücke der Art sind allbekannt aus dem berühmten Gemälde Carpaccios mit dem heiligen Hieronymus im Studierzimmer (Abb. 71). Sie erscheinen besonders zierlich, da sie meist aus Holz und Metall zusammen aufgebaut waren. Der Arbeitssessel, mit einem kleinen Schreibpult davor, ist ganz aus Holz, das aber vollständig mit rotem Stoff ausgeschlagen und mit Messingknöpfen und Kugeln reich dekoriert ist. Ebenso das kleine Pult und sein Untersatz. Der

Abb. 69. Venezianischer Tisch um 1500 im Kaiser Friedrich-Museum zu Berlin.

Arbeitstisch, an dem Hieronymus sitzt, ist an der einen Seite mit Bronzekonsolen an die Wand angelehnt (wohl um hochgeklappt werden zu können) und steht auf der anderen Seite auf einem sehr zierlichen, reich gegliederten Bein aus Bronze; die Platte ist wieder, ebenso wie die Bank zurückzugehen, ohne dass Form und Dekor sich wesentlich verändert hätten. Sie haben die gewohnte X-Form, die Beine und Arme sind aus Eisen, das zum Teil mit Stoff bekleidet war; die Kugeln, Füsse und Gelenke sind aus Messing oder aus vergoldeter Bronze (vgl. Abb. 31).

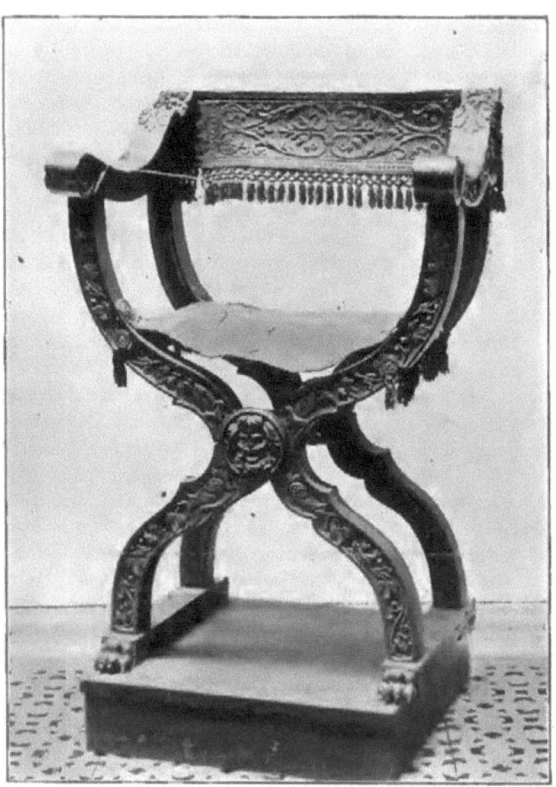

Abb. 70. Venezianischer Sessel mit Lederbezug im South Kensington-Museum zu London.

Möbel dieser Art werden wohl ebenso selten gewesen sein, wie im sechzehnten Jahrhundert in Deutschland in Eisen geschnittene Sessel oder im siebzehnten und Anfang des achtzehnten Jahrhunderts die silbernen Tische und Stühle, wie sie die Prachtzimmer der Fürsten in den Residenzstädten Deutschlands und der nordischen Reiche schmückten.

In den Inventaren der Zeit, die jede gute Truhe erwähnen und oft kurz beschreiben, kommen nur ganz ausnahmsweise einmal Tische oder Stühle vor, und dann auch nur vereinzelt. So finden wir 1473 in dem Nachlasse eines reichen Seidenhändlers 23 casse und nur 4 Stühle. Die einfachen Schemel und Stühle hat man dabei zweifellos, wie schon erwähnt, übergangen. Aber es zeigt doch, wie sehr der Venezianer, noch in höherem Masse wie der Florentiner, darauf hielt, das Zimmer geräumig und frei zu halten und das Möbel möglichst auf die Wand zu beschränken oder zum Teil mit ihr zu verbinden. Daher finden wir während des fünfzehnten Jahrhunderts in Venedig, soweit ich sehen kann, auch nicht einmal den Ansatz zu einem Schrank, abgesehen vom Wandschrank — offen oder mit Thüren —, der für jede Art

und das Podest mit Stoff ausgeschlagen und mit vergoldeten Bronzenägeln verziert. Verwandte Möbel finden wir in einzelnen anderen venezianischen Bildern, namentlich wieder von Carpaccio. Aehnliche Arbeitssessel ganz aus Metall, von denen sich einzelne Stücke aus dem sechzehnten und siebzehnten Jahrhundert erhalten haben, scheinen bis in das Trecento

Abb. 71. Venezianisches Studierzimmer vom Ende des 15. Jahrhunderts in einem Gemälde des V. Carpaccio in Venedig.

Abb. 72. Truhe der terra ferma im South Kensington-Museum zu London.

Gerät, aber auch für Bücher verwendet wurde. Selbst die Credenz kommt in dieser Zeit noch nicht vor, wenigstens nicht in ausgebildeter Form, sondern nur als Aufbau, der ad hoc, ähnlich wie der Esstisch, aus Böcken, Brettern und Gestellen zusammengesetzt und mit schönen Linnen oder Stoffen bedeckt wurde.

Das wichtigste Möbel in den eigentlichen Wohnzimmern der Familie war, wie überall in Italien, das Bett. Freilich ein Möbel im uneigentlichen Sinne, da es so gross und so massiv war, dass es so gut wie unbeweglich gewesen sein muss. In der Form und Ausstattung scheint das Bett der Venezianer von dem der Florentiner wenig verschieden gewesen zu sein. Mit dem Kopfende stand es an der Wand; an den anderen Seiten liefen Stufen ringsherum, so hoch, dass sie zugleich als Bänke und als Truhen benutzt werden konnten. Die Wangen des Bettes waren reich profiliert, die Rückseite höher, das Ganze bei reicheren Einrichtungen eingelegt und mit einem Baldachin über dem Kopfende bekrönt. Ein anschauliches Bild einer Kammer, richtiger eines Wohnzimmers mit Bett in vornehmem Hause giebt der später nachgebildete Holzschnitt vom Ende des fünfzehnten Jahrhunderts (vgl. Abb. 90).

Ein Luxusmöbel, das gegen Ende des Quattrocento in Venedig besonders beliebt wurde, war der Spiegel. Aus geschliffenem Metall, daher klein, aber meist in prächtigem, breitem Rahmen und durch einen Vorhang aus feinem, meist orientalischem Stoff geschützt. Die bevorzugte Form in Venedig war die runde, die wir in Florenz nie finden; der Rahmen, mit reichem zierlichen Pflanzendekor in flachem Relief, geschnitzt oder aus Masse gepresst, war regelmässig vergoldet. Nach den wenigen Exemplaren, die uns erhalten sind (auch diese sind schon aus dem Uebergange vom fünfzehnten zum sechzehnten Jahrhundert, haben aber noch Quattrocento-Charakter) entsprach der Schmuck der Spiegel ganz dem der venezianischen Rahmen; beide wurden wohl in denselben Werkstätten angefertigt. Dass der Spiegel noch eine Seltenheit war, wahrscheinlich weil die Herstellung der geschliffenen Metallplatte noch kostspielig war, geht daraus hervor, dass in den Nachlassinventaren immer nur ein Exemplar erwähnt wird, und dass er nicht einmal in allen Häusern sich fand.

Ein anderes Wandmöbel, das Venedig ganz eigentümlich war, ist das restello, der Rechen. In den Inventaren wird es häufig, gelegentlich auch in den Testamenten erwähnt, und aus der Beschreibung sehen wir, dass es ein besonders beliebtes Möbel war, das man in reichster Weise auszustatten liebte. Wie der Spiegel, war das restello eine Seltenheit, und mehr als eines wird daher in einem und demselben Hause fast nie namhaft gemacht. Leider ist uns kein Stück erhalten, ja, nicht einmal eine Abbildung davon ist nachweisbar, so dass wir über Form und Ausstattung des restello sehr im Unklaren sind, von dem wir überhaupt erst jetzt, durch eine Arbeit des hochverdienten Forschers über die Kunst und Kultur Venedigs, Dr. Gustav Ludwig, Kenntnis bekommen haben. Ein hervorragendes Möbel dieser Art befand sich im Besitz des reichen Malers Vincenzo Catena, das mit kleinen allegorischen Gemälden seines Lehrers Giovanni Bellini geschmückt war, die heute die Galerie der Akademie in Venedig aufbewahrt. Ursprünglich war auch der Spiegel an dem restello angebracht. Auf dem Bord, das ihn unten abschloss, standen kleine Antiquitäten, Bronzefiguren, Leuchter und dergleichen, und darunter waren anfangs reich geschmückte Toilettegegenstände, später auch Astrolabien und verzierte Messinstrumente aufgehängt, ähnlich wie wir es im Studio des heiligen Hieronymus von Carpaccio (vgl. Abb. 71) sehen. Hier laufen jedoch die Börde, im vorderen wie in dem kleinen hinteren Zimmer, ringsherum und bilden den Abschluss der die Täfelung vertretenden Wandverkleidung in Stoff, während das eigentliche restello ein Wandmöbel war, das im besten Zimmer zwischen den Gemälden aufgehängt zu sein pflegte, damit die daran aufgestellten Gebrauchsgegenstände bei Bedarf gleich zur Hand sein konnten. Aehnliches sehen wir auf dem bekannten Bildnis des Jörg Gysze von Hans Holbein in der Berliner Galerie, und als letzten Ausläufer dieses Möbels haben wir wohl die zierlichen, meist aus drei Brettern über schlank gedrehten Säulchen be-

Abb. 73. Truhe der terra ferma bei Dr. A. Figdor in Wien.

stehenden Hängebörde anzusehen, die aus dem späteren siebzehnten und dem achtzehnten Jahrhundert in Italien noch ziemlich zahlreich erhalten sind und ähnlich auch bei uns in Deutschland vorkommen.

Im Cinquecento sind wir auch in Venedig über die Hauseinrichtung besser unterrichtet, da uns die meisten Einrichtungsgegenstände seit dem Anfang dieses Jahrhunderts in einer Reihe von Exemplaren, wenn auch keineswegs so zahlreich wie in Florenz, erhalten sind. Wie in der Malerei und namentlich in der Plastik, so erhält sich im Kunsthandwerk der Stil des Quattrocento noch zwei bis drei Jahrzehnte fast unverändert und wurde nur in reicherer Weise ausgebildet. Die Dekorationsweise der Bildhauer- und Architektenfamilie der Lombardi beherrscht auch den Schmuck der Möbel. Die Truhen, wie die Spiegel und das Rahmenwerk jeder Art sind überzogen mit dem zierlichen Pflanzenornament, wie es namentlich die jüngeren Lombardi, Antonio und Tullio, ausgebildet hatten. Die Rückwände der Bänke, die Füllungen über den Thüren sind, wie im fünfzehnten Jahrhundert, mit abgepassten Gobelins (den sogenannten verdure, mit Wappen zwischen kleinen Blumen oder Büschen) ausgefüllt; vorderasiatische Teppiche bedecken den Fussboden und liegen über den Tischen, und orientalisches Gerät aller Art, jetzt untermischt mit Bronzen paduanischer und venezianischer Herkunft, schmücken die Börde, wie die Thür- und Kaminsimse. Gemälde, die in der früheren Zeit nur vereinzelt und regelmässig mehr als Andachtsstücke sich finden, hängen jetzt schon in grösserer Zahl an den Wänden, freilich auch jetzt nur eines oder wenige Porträts, ein Madonnenbild und gelegentlich eine mythologische oder allegorische Darstellung. Bilder-Galerien kannte man auch in der ersten Hälfte des sechzehnten Jahrhunderts in Venedig noch nicht; die wenig zahlreichen Sammler suchten vor allem antike Statuen, Antiquitäten, Werke der Kleinkunst und Kuriositäten verschiedenster Art zusammenzubringen, ne-

Abb. 74. Klappstuhl der terra ferma bei Dr. A. Figdor in Wien.

ben denen Gemälde und grössere Bildwerke nur in kleinerer Zahl vorkommen.

Die Gobelins, die in reicher Zahl jedes gute Haus in Venedig schmückten, waren offenbar der grossen Mehrzahl nach niederländischer Herkunft, da die Wappen der Familien, welche sie vielfach trugen, nicht eingewebt waren, sondern gestickt, was erst in Venedig geschah. Von den frühesten „verdure", die uns erhalten sind, und von denen verschiedene aus Palästen von Venedig und Umgegend stammen, lassen sich jedoch einzelne als venezianische Arbeiten bestimmen, über die wir die bisher fehlenden urkundlichen Nachrichten durch die Forschungen Dr. G. Ludwigs bald erwarten dürfen. Dies bezeugen die Abbildungen solcher Gobelins in gleichzeitigen Gemälden, wie wir sie namentlich bei Carpaccio sehen, durch den wir auch die Art ihrer Anbringung am besten kennen lernen. Grössere niederländische Tapeten, die arazzi, waren damals noch grosse Seltenheiten und wurden wohl zuerst zum Schmucke der Kirchen und öffentlichen Bauten verwendet. Im Laufe des Cinquecento bürgerten sie sich auch, und zwar meist in ganzen Folgen, in den Wohnräumen der venezianischen Kaufherren ein. Neben den Gobelins ist die Ausstattung der Wände durch einfarbige, derbe Stoffe, wohl aus Leinen und Baumwolle gemischt, sehr gebräuchlich in Venedig, wo sie den unteren Teil der Wände bedeckten, der damals schon im Norden und später auch in Italien vielfach mit Holz getäfelt wurde. Reichere Stoffe, namentlich der schöne tiefrote Sammet, bürgerten sich im Laufe des sechzehnten Jahrhunderts ein; er gab den Räumen einen ausserordentlich prächtigen und doch zugleich wohnlichen Charakter, da der tiefe, fast neutrale Ton in keiner Weise aufdringlich wirkte. Dagegen finden sich schon seit der Mitte des Quattrocento Ledertapeten in Venedig, cuoi d'oro genannt, weil das Gold meist mit Blau zusammen die bestimmende Farbe war. Mit den ähnlich gefärbten Holzdecken zusammen müssen sie einen prächtigen Eindruck hervorgebracht haben.

Die Wendung im venezianischen Kunstgewerbe erfolgte erst in den zwanziger

Abb. 75. Klappstuhl der terra ferma bei Dr. A. Figdor in Wien.

Abb. 76. Stuhl aus dem Venezianischen, früher in der Sammlung Bardini in Florenz.

trat erst spät ein, aber dann rasch und gründlich; die Schreinerkunst, wie sie sich unter dem Einflusse von Michelangelo in Florenz entwickelt hatte, kam jetzt auch im venezianischen Hause zur Herrschaft. Die Bemalung hört fast ganz auf; an die Stelle der Farbenfreudigkeit und der Vorliebe für reiche Vergoldung tritt das Prinzip, das Material in seiner Naturfarbe zur Geltung zu bringen, freilich stark getönt und mit sparsamer Anwendung von Gold, aber auch dieses nur mit starker Lasierung. Die Formen werden reicher bewegt, der Dekor wird hauptsächlich durch Schnitzerei herbeigeführt, die in kräftigem Relief zu wirken sucht und antike Ornamente mit phantastischen Masken, Rollwerk und figürlichen Darstellungen mischt.

Die Bedürfnisse wachsen und die Ansprüche werden grösser, damit werden auch die Möbel mannigfaltiger und zahlreicher. Wir finden jetzt Stühle und Sessel wie Schemel in reicheren Formen neben den Wandbänken. Besonders wird das Bett prächtig gestaltet durch reich geschnitzte Wangen und grosse Vorhänge. Auch jetzt noch bleibt die Truhe nach Zahl und Reichtum des Schmuckes — regelmässig durch kräftige Schnitzerei — das wichtigste Hausmöbel, wenn sie auch nicht mehr so ausschliesslich im Vordergrunde steht wie früher.

Jahren des sechzehnten Jahrhunderts, durch das Eindringen Florentiner Kunst, namentlich infolge der Uebersiedelung von Jacopo Sansovino nach Venedig nach dem Sacco di Roma im J. 1527. Die Wendung

Abb. 77. Veroneser Truhe um 1510 im Poldi-Museum zu Mailand.

Abb. 78. Mantuaner Schreibschrank mit Intarsia im South Kensington-Museum zu London.

Eigenartig sind die venezianischen cassette, die kleinen Truhen und Kästchen. Schon im späten Trecento hatte die Werkstatt des Embriacchi in Venedig Schmuckkästchen in Bein oder Elfenbein, mit reichen figürlichen Darstellungen antiker Sagen und mittelalterlicher Romane, angefertigt, die durch ganz Oberitalien zu den gesuchtesten Ausstattungsstücken gehörten. Im sechzehnten Jahrhundert bildeten ähnliche Kästchen, die meist zur Aufbewahrung des weiblichen Schmuckes bestimmt waren, eine Hauptzierde des Damenzimmers. Während sie in Florenz aus Nussbaumholz geschnitzt, in strenger Weise mit klassischen Ornamenten versehen und nur gelegentlich und nur teilweise vergoldet waren, sind sie in Venedig bemalt: auf lackartigem dunklen, meist schwärzlichen Grunde sind kleine farbige Darstellungen in kartuschenartiger Einrahmung angebracht, deren Ecken von zierlichen Goldornamenten ausgefüllt sind; die Henkel oben und an den Seiten, wie zuweilen die Füsse, sind aus vergoldeter Bronze und von zierlichster Form. Es ist die gleiche Dekorationsart, die wir gleichzeitig in Venedig bei kleinen, für Miniaturbilder bestimmten Rahmen finden und wie sie ähnlich die venezianischen Bucheinbände aufweisen.

Im Cinquecento haben, ganz besonders in Venedig, auch die Musikinstrumente für die Ausstattung der Wohnzimmer, zu der sie bis dahin eigentlich nicht zu rechnen sind, eine gewisse Bedeutung erhalten durch die Ausbildung des Klaviers, das gerade in Venedig eine besonders schöne künstlerische Form erhielt. Der flügelartige Kasten aus hellem feinen Holz und mit zierlichen Einlagen in Elfenbein wurde in einen weiteren mit Malerei verzierten Kasten mit schlanken Beinen gestellt, welcher Ausschnitte hatte, der die Ornamente des unteren Kastens frei liess. Mehrere

Abb. 79. Mantuaner Schreibschrank ›geöffnet‹ mit Intarsia im South Kensington-Museum zu London.

solcher Klaviere, worunter eines von Alfons II. in Ferrara, sind im Berliner Kunstgewerbe-Museum und im South Kensington-Museum erhalten. (Vgl. Abb. 94.)
Fast alle diese Möbel sind in Form und Dekor nicht sehr abweichend von den gleichzeitigen Florentiner Möbeln, die ihnen zum Vorbilde dienten; was über jene gesagt ist, gilt im wesentlichen auch über diese.

Abb. 80. Truhe aus den Marken im Kunstgewerbe-Museum zu Berlin.

Doch bürgern sich einzelne für Florenz sehr charakteristische Möbel, wie die cassapanca und der Thron, in Venedig nicht mit ein, so wenig wie im übrigen Italien. Stühle und Sessel wie die in Venedig selteneren Schemel haben, wie in Florenz, hohe und steile Form. Die Tische, die jetzt häufiger werden, erhalten zum Teil sehr prächtige Form und nicht selten bedeutende Grösse, wie der aus Padua stammende mehr als fünf Meter lange Tisch im Kaiser Friedrich-Museum zu Berlin zeigt, der noch seine alte rötliche Tönung des Nussbaumholzes und die teilweise Vergoldung zeigt. Der ornamentale Schmuck ist bei allen diesen Möbeln um die Mitte und aus der zweiten Hälfte des sechzehnten Jahrhunderts dem der Florentiner Möbel dieser Zeit sehr verwandt; nur ist er malerischer in Bildung und Wirkung, reicher und schon mehr zum Barock neigend.

Die Ausstattung des Kamins, die im fünfzehnten Jahrhundert, wie in Toskana und wohl im ganzen übrigen Italien, regelmässig von Eisen gewesen zu sein scheint, ist im sechzehnten vorwiegend von Bronze und Messing und oft in kostbarer Weise gestaltet. Die alari, die Feuerhunde zur Aufnahme der Holzscheite, waren vorn durch halb- oder drittel lebensgrosse Statuetten geschmückt, die auf reich aufgebauten und phantastisch mit Masken und anderen Ornamenten ausgestatteten Sockeln standen. Sie wurden zum Teil in den Werkstätten der ersten Bronzebildner von Venedig ausgeführt und gehören daher heute zu den gesuchtesten und höchstbezahlten Kleinbronzen der Renaissance. Feuerhaken und Feuerschaufel waren entsprechend einfacher, aber doch in ähnlichem Charakter dekoriert. Auch der in reichster Weise in Holz geschnitzte Blasebalg, wie wir ihn in Florenz und Rom finden, scheint zu der Ausstattung des venezianischen Kamins des Cinquecento gehört zu haben.

Dass in den venezianischen Möbeln dieser Zeit, auch in den reichsten, keineswegs eigentliche Prachtstücke erhalten sind, wie sie in den fürstlichen Palästen oft ganze Folgen von Zimmern schmückten, zeigen uns einzelne Entwürfe für Möbel, wie sie uns aus der späten Renaissance in den Sammlungen der Handzeichnungen der Uffizien, des South Kensington-Museums u. s. f. erhalten sind, sowie die Möbel, die gelegentlich auf Bildern vorkommen. Ich verweise dafür nur auf das Gemälde des Ferraresen Scarsellino, etwa

Abb. 81. Bologneser Truhe im Kunstgewerbe-Museum zu Leipzig.

vom Jahre 1580, im Palazzo Pitti mit der Nachbildung eines Bettes, dessen reiche Ausstattung an die der Florentiner Möbel erinnert, wie sie uns aus einigen Bildern Bronzinos bekannt sind. In den Florentiner Möbeln waren die Einlagen aus Marmor und Halbedelsteinen; hier sind sie nur gemalt und solchen Reliefeinlagen en camajeu nachgebildet, aber offenbar von einem hervorragenden Künstler, vielleicht einem der beiden Dossi, die gerade solche Bettwangen wiederholt für Mitglieder des Hauses Este malten. Der kleinere Bronzetisch neben dem Bette ist die beinahe treue Nachbildung eines römischen Tischchens. Aehnliche Möbel finden wir auch sonst bei Scarsellino (verschiedene Bilder in der Galerie Borghese in Rom), der mit Vorliebe das Innere der Zimmer im Charakter der Zeit und reich ausgestattet darstellte. Mutmasslich sind dies Prachtmöbel, die sich im Besitze Alfonsos I. in seinen Palästen in und um Ferrara befanden; ihre Ausführung dürfen wir aber mit Wahrscheinlichkeit venezianischen oder unter venezianischem Einfluss gebildeten Künstlern zuschreiben, sei es, dass die Möbel in Venedig selbst gefertigt wurden, mit dessen Künstlern und Handwerkern der Hof von Ferrara in regster Verbindung stand, oder dass Venezianer dafür nach Ferrara gezogen waren. Jedenfalls geben sie uns den Charakter der venezianischen Luxusmöbel aus der Mitte des Cinquecento, wie sie ähnlich damals auch die grossartigen Räume des Schlosses zu Mantua schmückten, getreu wieder.

Venedig hatte um die Wende des vierzehnten auf das fünfzehnte Jahrhundert Padua dauernd niedergeworfen und in raschem Siegeslaufe ganz Oberitalien zwischen Alpen und Po bis über Udine hinaus im Osten und bis hinter Bergamo im Westen, sowie, heissumstritten freilich, zeitweise auch den Küstenstrich am Meere bis nach Ancona seinem Gebiet einverleibt. Diese ganze „terra ferma" erweist sich daher zur Zeit der Renaissance in Kunst und Handwerk stark abhängig von der Hauptstadt. Aus Padua, das durch ein Jahrhundert die blühendsten Giesshütten in Italien besass, stammten die meisten Kleinbronzen in venezianischem Besitz, und was in unseren Sammlungen an Truhen, Tischen, Stühlen und Rahmen als venezianisch bezeichnet wird, ist meist in Verona und Brescia entstanden. Bis weit über die Mitte des Quattrocento hinaus scheinen sich hier die heimischen spätgotischen Möbel erhalten und einen sehr eigenartigen Mischstil hervorgebracht zu haben. Das Charakteristische dieser Möbel ist die grosse Einfachheit ihrer Formen und Profile und der Dekor durch reiche in die Fläche eingeätzte oder eingeschnitzte Ornamente und figürliche Darstellungen. Der Grund war farbig, um die Darstellungen stärker wirken zu lassen; vermutlich waren die Höhen ursprünglich vergoldet oder auch farbig. Die Truhen und kleineren Kästchen, letztere regelmässig aus Cedernholz und innen und aussen reich geätzt, zeigen meist Darstellungen mit Festen, Allegorien, mythologischen Motiven, seltener religiöse Darstellungen, die nach den Kostümen um 1430–1475 entstanden sein müssen. Da sie regelmässig jetzt farblos und stark verrieben sind, pflegen sie bei der ganz flachen Behandlung der Aetzung nur noch wenig wirkungsvoll zu sein, während ihre Wirkung ursprünglich sehr fein gewesen sein muss (Abb. 72 u. 73). Ein paar sehr interessante Beispiele für Stühle dieser Zeit besitzt Dr. Albert Figdor in Wien in zwei grossen Klappsesseln aus breiten mit Kerbschnitt verzierten Brettern, von denen der eine aus dem Paduanischen stammt (Abb. 74 und 75). Auch Stühle späterer Zeit aus diesen Gegenden bewahren noch manches von diesem altertümlichen Charakter, wie der beistehend abgebildete Sessel mit einem, Flechtwerk nachgebildeten, Ornament zeigt (Abb. 76).

Aus Verona sind uns besonders zahlreich Truhen erhalten, vom Ende des fünfzehnten und vom Anfang des sechzehnten Jahrhunderts, von langer Form, eckig, mit flachem Deckel, deren Seiten (die schmucklose Rückseite ausgenommen) mit Malereien oder plastischen Ornamenten verziert sind. Die Vorderseite ist regelmässig dreiteilig und mit kleinen allegorischen oder mythologischen Darstellungen in Landschaft bemalt oder mit einem die Schule der Lombardi verratenden zierlichen Blattornament in vergoldetem Stuck oder in Malerei geschmückt; an den Seiten ist das Wappen aufgemalt, wenn es nicht schon an der Vorderwand angebracht ist (Abb. 77).

Aus der späteren Zeit der Renaissance sind Truhen, Stühle, Tische und Credenzen in den Villen der Vornehmen von Venedig, Verona und Brescia, an dem Lago di Garda und in der Nachbarschaft von Brescia besonders häufig; was an Stücken dieser Art in Italien jetzt noch in den Handel kommt, stammt der Mehrzahl nach aus dieser Gegend. Auch diesen regelmässig farblosen Möbeln ist der venezianische Charakter aufgeprägt. Sie unterscheiden sich von den Stadtvenezianischen Arbeiten durch reinere, meist etwas nüchterne architektonische Formen und etwas trockenere Behandlung des Dekors; der Michelangeleske Stil Sansovinos kommt hier wenig zur Geltung.

Mantua und Ferrara, deren Herrscherhäuser während der ganzen Renaissance durch ihre Prachtliebe wie durch

Abb. 82. Bologneser Truhe um 1540 im Privatbesitz.

ihren Kunstsinn selbst in Italien berühmt waren, werden im fünfzehnten Jahrhundert noch einen teilweise eigenartigen Charakter neben Venedig gewahrt haben, gegen das Ende des Jahrhunderts machte sich aber auch hier der Einfluss der Lagunenstadt in Kunst und Handwerk immer stärker geltend; die eigentliche Hochrenaissance hat hier daher wesentlich venezianischen Charakter, auch in der Zimmereinrichtung. Diese war an beiden Orten vielfach eine ausserordentlich prächtige, wie uns die Urkunden und die Ausstattung der Räume, die teilweise erhalten ist, beweisen. So reich und luxuriös wie die Herzöge von Este und Gonzaga ihre Schlösser ausmöbliert hatten, hätte auch der reichste venezianische Nobile sich nicht einzurichten gewagt; solchen fürstlichen Glanz durfte wohl der Doge als Repräsentant der grossen Republik entfalten, aber der Einzelne in Venedig musste sich stets in den gemessenen Schranken des Bürgers halten; darüber wachte die Gesamtheit eifersüchtig, und eigene Gesetze suchten den immer wieder sich vordrängenden Luxus einzudämmen.

Erhalten sind uns von allen Herrlichkeiten dieser beiden Höfe zwar eine gewisse Zahl von Gemälden und Antiken, sowie die Miniaturen, freilich zerstreut über die verschiedensten Sammlungen; von allen Möbeln, Gobelins und sonstigen Ausstattungsgegenständen ist kaum ein Stück noch nachweisbar. Dies ist umsomehr zu bedauern, als wir durch Urkunden wissen, dass diese Möbel während der ganzen Zeit der Blüte dieser Herrschergeschlechter vielfach nach Zeichnungen und unter Beteiligung der ersten Künstler ausgeführt wurden, die für alle Arten von Ausstattungen, von Schaustellungen, vom ganzen Kunstgewerbe, selbst von der Garderobe ihrer Herren und deren Gefolge bis zu den Pferden, Falken und Hunden hinab noch mehr beschäftigt waren, als durch die Anfertigung von Gemälden oder Bildwerken. Selbst Künstler wie Cosmè Tura und Dosso Dossi haben bald Betten und andere Möbel bemalt, bald Pferdegeschirre verziert, Schauspiele inscenirt, Dekorationen zu den Festen geliefert, bald Zeichnungen zu Schmuckstücken, Gobelins, Prachtstoffen u. s. f. geliefert. Die zahlreichen und ausführlichen Urkunden besonders des Estenseschen Hausarchivs geben uns über das intime Leben der italienischen Fürsten, über die Einrichtung ihrer Schlösser und sonstigen Bauten und selbst über die Formen und Ausführung derselben bis in die Details der einzelnen Prachtmöbel und Ausstattungsstücke so reiche und genaue Auskunft, wie wir sie bisher

Abb. 83. Tisch aus den Marken früher in der Samml. Bardini in Florenz.

Abb. 84. Schreibschrank aus den Marken im Kunstgewerbe-Museum zu Berlin.

für keinen anderen Platz von Italien besitzen.

Nach den Impresen, die darauf vorkommen, soll ein im Ausgang der Frührenaissance entstandener Schreibschrank, der in Costozza aufgefunden wurde und sich jetzt im Besitz des South Kensington-Museums (Abb. 78 und 79) befindet, auf die Gonzaga zurückgehen; er ist ein glänzendes Stück vollendeter Einlegearbeit und feinster Detaildurchbildung aller Ornamente, wenn auch die Lust an der Intarsia sich in der unruhigen Gesamtwirkung wenig günstig äussert, was in der photographischen Nachbildung noch in übertriebener Weise zur Geltung kommt.

Für Ferrara geben uns gleichzeitig die zahlreichen Urkunden auch in Bezug auf den Luxus in den Möbeln schon während des fünfzehnten Jahrhunderts mancherlei Anhalt, aber wir können uns daraus kein Bild machen, wie diese Möbel im einzelnen aussahen. Die interessanten Fresken mit Darstellungen aus dem Leben des Borso d'Este im Palazzo Schifanoja zu Ferrara bieten nach dieser Richtung ebensowenig Material, wie die meisten Fresken des Quattrocento in Italien, in denen den Figuren zuliebe das Beiwerk in der Regel zurückgedrängt oder möglichst einfach gegeben ist, falls es nicht wie gerade in den Gemälden der alten Ferraresen die Throne der Madonna und der Heiligen — ganz phantastisch gestaltet ist. Von der Gobelinfabrik, die uns schon vor der Mitte des fünfzehnten Jahrhunderts in Ferrara bezeugt ist, sind uns dagegen noch vereinzelte Stücke erhalten. Freilich waren die Weber hier durchweg, selbst in späterer Zeit noch, Niederländer oder Franzosen. Durch Niccolo III. waren niederländische Weber um 1436 nach Ferrara berufen worden; unter Leonello und besonders unter Ercole I. entwickelte sich diese Industrie hier zu den blühendsten in Italien; unter Ercole II. hatte sie gegen die Mitte des sechzehnten Jahrhunderts noch einmal eine ähnliche Blüte, unter Alfons II. kam sie aber in Verfall und erlosch bald darauf. Doch waren etwa ein Jahrhundert später noch mehr als fünfhundert Gobelins im Besitz des fürstlichen Hofes.

Diese flandrischen Arbeiter werden zweifellos durch ihren langen Aufenthalt in Italien und den Einfluss italienischer Maler auf ihre Industrie vielfach stark italienischen Charakter angenommen haben. Dies zeigt sich schon in einigen Folgen von Teppichen des Hans Karcher, der unter Ercole II. der hervorragendste Künstler war. Vielleicht gehört ihm auch eine Folge, die in der Spitzerschen Sammlung versteigert wurde. Vielfach, wenn nicht in der Regel, haben diese Künstler aber nach Vorlagen von italienischen, namentlich ferraresischen Malern gearbeitet; Cosmè Tura im fünfzehnten und Dosso Dossi im sechzehnten Jahrhundert haben besonders viel für sie gezeichnet. Diese Vorlagen gingen wohl schon früh weit über das hinaus, was in Venedig geleistet wurde; denn wir finden damals schon grosse Kompositionen biblischen oder allegorischen Inhalts, nach Art der altflandrischen Teppiche. Ein solcher Gobelin, der vor etwa fünfundzwanzig Jahren in Mailand im Handel war, stellte die Grablegung Christi dar und war nach einem Karton des Cosmè Tura gearbeitet; in der Technik noch ziemlich flüchtig und ungeschickt, aber von vollständiger Bildwirkung.

Für die spätere Renaissance geben uns die gleichzeitigen Bilder, namentlich der ferraresischen Schule, ein zuverlässiges Bild über den Möbelluxus an beiden Höfen. Ich habe oben (vgl. S. 61) schon auf die Gemälde des Ferraresen Scarsellino hingewiesen, in denen uns das Abbild einiger jener Prachtmöbel dieser Zeit, wahrscheinlich die Ausstattung der Schlösser Herzog Alfonsos, der sie nach den Zeichnungen und unter Beteiligung seiner ersten Maler anfertigen liess, erhalten ist. Einfacher, aber sehr geschmackvoll ist ein Klavier mit dem Namen des Herzogs, das sich jetzt im Besitz des Berliner Kunstgewerbe-Museums befindet; ich habe darauf schon gelegentlich der venezianischen Möbel hingewiesen.

Abb. 85. Modeneser Synagogen-Schrank bei Mme. Ed. André in Paris.

Abb. 86. Certosina-Truhe im South Kensington-Museum zu London.

Der auf drei schlanken, fast schmucklosen Beinen stehende Kasten ist auf dunklem Grunde mit farbigen Ornamenten bemalt, der Einsatz mit der Klaviatur hat Intarsien aus Holz und Bein von ausserordentlich schöner, nicht überreicher Zeichnung.

Eigenartiger als in Mantua und selbst in Ferrara, wenn auch nicht so prächtig, erscheint nach den uns erhaltenen Stücken die Möbeltischlerei in Bologna und in den von Bologna abhängigen Marken. Bologna ist während der Renaissance teils von Florenz teils von Venedig beeinflusst, erhält sich dabei aber eine gewisse Selbständigkeit. Wie die bologneser Möbel im siebzehnten Jahrhundert durch ihre Kraft und wuchtige Wirkung des Materials, durch Schlichtheit, gute Verhältnisse und einfache, aber wirkungsvolle Profile ausgezeichnet sind, so haben sie in der Frührenaissance eine derbe Kraft und Zweckmässigkeit, und in der Hochrenaissance verbinden sie mit ähnlichen Eigenschaften eine heitere Anmut und Festlichkeit. Aus den zahlreichen Kastellen der Mark Ancona wie der Mark Emilia wurde durch den Kunsthandel der letzten Jahrzehnte noch eine Reihe von Möbeln dieser Zeit ans Tageslicht gezogen, von denen eine Anzahl in öffentliche Sammlungen gekommen sind. Da sie aber meist von Florenz aus in den Handel gebracht worden sind, so hält man sie irrtümlicherweise gewöhnlich für Florentiner Möbel. Um uns einen auch nur oberflächlichen Einblick in die innere Einrichtung der Schlösser und Wohnhäuser in den Marken zu geben, genügen sie freilich nicht. Was ich hier darüber zusammenstelle, sind nur einige Notizen über die Eigenart derjenigen Möbel, die mir als aus Bologna und Umgebung stammend gesichert scheinen, da ich sie meist dort oder in den Marken im Handel gesehen habe.

Seit dem fünfzehnten Jahrhundert finden wir in den Marken eine ganz eigene Art von Truhen, die wohl aus gotischer Zeit überliefert war und bis mitten in das sechzehnte Jahrhundert fast unverändert weiter gearbeitet zu sein scheint. Sie haben untersetzte Form, glatte, starke Wände und Deckel, sind nicht sehr viel breiter als hoch und haben als einzigen Schmuck zierlich durchbrochene Rosetten oben und unten an den eisernen Bändern und ein reich dekoriertes eisernes Schloss, so dass sie den deutschen und französischen Truhen der gleichen Zeit fast näher stehen als den italienischen (Abb. 80). Das Nussbaumholz hat seine nur leicht abgetönte Naturfarbe, die regelmässig eine tiefe leuchtende Patina angenommen hat. Das Innere ist nicht, wie sonst regelmässig in Italien, leer und schmucklos, sondern an den Seiten laufen ringsherum ganz schmale und niedrige, mit Klappen verschliessbare Abteile zur Aufnahme kleiner Gegenstände, während die Kleider, Teppiche und dergleichen in die Mitte gebettet wurden. Da diese Truhen durch ihren festen Bau besonders haltbar sind und durch ihre innere Einrichtung, wie durch ihre guten Schlösser — etwas ganz Ungewöhnliches bei der italienischen Truhe, in denen häufig selbst bei besonders kunstreich gearbeiteten Stücken, auch noch im sechzehnten Jahrhundert, das Schlüsselloch erst nachträglich und roh mitten durch die Verzierungen eingebohrt zu werden pflegte — besonders praktisch waren, so hatten sie sich in den Villen in grosser Zahl erhalten; bei ihrer Einfachheit und Schmucklosigkeit sind sie aber selten in die Museen gekommen.

Im Anfang des Cinquecento erhielt die Truhe ihre Form und ihren Schmuck durch den in Bologna gefeierten Bildschnitzer Formigine oder wenigstens durch die Richtung, deren hervorragendster Träger er ist; denn er selbst ist beinahe eine mythische Persönlichkeit, auf die man in Bologna alle Arten besserer Schnitzarbeiten des Cinquecento zurückführt. Die Formigine-Truhen stehen venezianischen Truhen von etwa 1520—1530 am nächsten. Auf Löwenfüssen, mit sarkophagartigem Deckel sind sie schmucklos bis auf die Wände, die in ziemlich hohem Relief mit einer kräftigen von den Wappen in der Mitte ausgehenden und an der Ecke in einen Delphin oder eine Karyatide auslaufenden Pflanzenranke verziert sind. Sie haben entweder ihre Naturfarbe oder sind ganz vergoldet, wie ein tadellos erhaltenes Exemplar im Kunstgewerbemuseum zu Leipzig (Abb. 81). Bei gefälliger Erscheinung durch den leichten Aufbau, die feinen Konturen und den hübsch bewegten Dekor fehlt diesen Bologneser Truhen, wie der Bologneser Kunst überhaupt, fast jede Abwechslung; die gleichen Motive widerholen sich und ermüden, wenn man erst einige Stücke gesehen hat (Abb. 82). Die grosse Mannigfaltigkeit der Florentiner Truhen, auch noch im sechzehnten Jahrhundert, die sie namentlich dem eigenartigen Michelangelesken Barockdekor und seiner mannigfachen Vermischung mit Motiven der reinen Hochrenaissance verdanken, fehlt diesen Arbeiten, die von jenem Einflusse Michelangelos so wenig berührt wurden wie die Bologneser Kunst überhaupt, obgleich Bologna

Abb. 87. Certosina-Stuhl im Besitz von Dr. A. Figdor in Wien.

den Künstler zweimal auf längere Zeit in seinen Mauern beherbergte und hier verschiedene seiner Arbeiten entstehen sah.

Neben diese und später an die Stelle dieser geschnitzten Truhen mit stark reliefierten Pflanzenornamenten traten in der zweiten Hälfte des Cinquecento solche ohne jede Schnitzerei, deren Wände durch Einlagen ihren Schmuck erhielten. Während die Intarsiakunst im übrigen Italien bereits so gut wie verschwunden war, erstand sie hier in eigenartiger Weise; sie vermag aber den Vergleich mit jener alten Kunst der Intarsia nicht auszuhalten. Indem man die vertiefte Zeichnung, von mageren ornamentalen Formen, mit einer weisslichen Paste ausfüllte, fand man einen billigen Ersatz der eigentlichen Intarsia. Zu dieser kehrte man aber später wieder zurück, indem man hellere Hölzer in die dunkeln polierten Nussbaumbretter einlegte; aber auch hier machte man es sich leicht und schattierte durch vertiefte Linien die ornamentalen oder figürlichen

Abb. 88. Ligurischer Schrank im Museum zu Magdeburg.

II. Venedig und die terra ferma. 71

Abb. 89. Ligurischer Schrank im South Kensington-Museum zu London.

Kompositionen, so dass sie völlig bildartig wirken. Bologna, dessen äusserlich blühende und gefeierte Kunst im siebzehnten und bis ins achtzehnte Jahrhundert von der Nachahmung älterer Kunstweisen lebte, wahrte diesen nüchternen Klassizismus auch in seinen Truhen bis in diese späte Zeit.

Von derber frischer Kraft in Zeichnung und Ausführung sind die Tische des Quattrocento in den Marken. Sie haben eine typische Form, die sich bis gegen die Mitte des Cinquecento erhielt: die starke achteckige oder seltener runde Platte von mittlerer Grösse ruht auf kräftigen Löwenbeinen, über deren Vereinigung ein Pinienapfel angebracht zu sein pflegt. Die Funktionen des Tragens und Lastens wie das Stabile des Tisches können kaum besser und wirkungsvoller zum Ausdruck gebracht werden als hier. Mit Ausnahme der einfachen Löwenbeine sind diese, meist nicht einmal mit Profilen versehenen Tische ganz ohne Schmuck, was ihren wuchtigen Eindruck noch vermehrt (Abb. 83). Wo am Untersatz, unter der Platte, zierliches Ornament sich findet — wie nicht selten bei den jetzt noch in Bologna in den Handel kommenden Stücken — ist es die Arbeit von Fälschern, die diese einfachen Möbel zu verschönern und für den Handel nutzbarer zu machen suchen. Weshalb die Renaissancetische in den Marken regelmässig diese achteckige Form hatten, weshalb sie so stark und schwer gearbeitet wurden und fast immer dieselben Masse haben (etwa einen Meter im Durchmesser wie in der Höhe), dafür vermag ich den Grund nicht anzugeben. Wahrscheinlich ist die Form durch Bau und Einrichtung der Kastelle und Villen veranlasst, über die wir bisher ebensowenig unterrichtet sind, wie über hundert andere wichtige Fragen in Bezug auf die Kunst und Kultur Italiens. Der junge neue Staat Italien hat so schwer und lange daran arbeiten müssen, Gestalt zu gewinnen und sich einzurichten, die Grossartigkeit und Pracht der hohen Kunst Italiens hat Aller Augen und Studien so stark und so ausschliesslich auf sich gelenkt, dass solche Fragen überhaupt nicht einmal gestellt worden sind. Inzwischen ist aber nur zu häufig das Material zerstört oder zerstreut worden, auf Grund dessen eine Beantwortung dieser Fragen noch möglich wäre. So fehlt es uns auch an dem Anhalt, um für diese Zeit weitere Stücke der Hauseinrichtung in Bologna und den Marken und deren Zusammenhang festzustellen. Nachweislich aus einem Palast in den Marken (aus Faenza oder einem Nachbarort) kommt der hier abgebildete Schreibschrank, der etwa im Jahre 1530 entstanden ist (Abb. 84). Einfach im Aufbau und Dekor, von besonders glücklichen Verhältnissen und von feiner Ornamentik, die die Formen der Hochrenaissance besonders rein und zierlich, noch ohne jeden Einfluss von Michelangelo aufweist, ist diese in ihrer Art, soviel ich weiss, alleinstehende Arbeit, so sehr Florentiner Möbeln der gleichen Zeit oder Gattung verwandt, dass sie entweder das Werk eines Florentiners oder unter direktem Florentiner Einflusse entstanden ist. War doch gerade dieser nördliche Teil der Mark Ancona seit dem Beginn der Renaissance beinahe eine Domäne der Florentiner Kunst. Einen grösseren, auch in seinem Aufbau sehr interessanten, etwa 1520 entstandenen Schrank, der aus einer Synagoge in Reggio stammt, also nicht eigentlich zu den Hausmöbeln gehört, bilde ich hier ab, um zu zeigen, dass im oberen Teil der Mark Emilia, wie in der hohen Kunst, so auch im Kunstgewerbe der Einfluss von Venedig im Anfange des Cinquecento schon völlig herrschend war. Das Stück befindet sich jetzt im Besitz von Madame Edouard André in Paris (Abb. 85).

Abb. 90. Florentiner Kammer vom Ende des 15. Jahrhunderts, nach einem Holzschnitt.

Abb. 91. Ligurische Credenz, früher in der Sammlung Bardini in Florenz.

III. Das westliche Oberitalien.

Für die Lombardei fehlt uns fast jeder Anhalt, um uns daraus ein Bild von der Hauseinrichtung oder auch nur von den einzelnen Möbeln zur Zeit der Renaissance zu machen. Die furchtbaren Verheerungen, denen gerade dieser Teil Italiens am Ende des fünfzehnten und in den ersten Jahrzehnten des sechzehnten Jahrhunderts ausgesetzt war, namentlich durch die Einfälle der Franzosen und später unter der Herrschaft der Spanier, haben hier mit allem älteren Hausrat gründlich aufgeräumt. Was im Museo Poldi und im Museo del Castello zu Mailand und sonst vereinzelt erhalten ist, namentlich einige Truhen vom Anfang des sechzehnten Jahrhunderts, zeigt grosse Verwandtschaft mit der gleichzeitigen Tischlerkunst Venedigs und ist wohl nicht ohne Einfluss von dort geblieben. Eigenartig sind dagegen die mit Bein eingelegten Möbel, die nach ihrer Anfertigung in der Nähe von Pavia als mobili alla certosina bezeichnet werden. Ob sie aber hier ihre wirkliche Heimat haben, oder ob sie erst nach der Lombardei verpflanzt worden sind, ist eine noch unentschiedene Frage. Der Umstand, dass um die Wende des vierzehnten auf das fünfzehnte Jahrhundert die Künstlerfamilie der Embriacchi in Venedig ihre eigentümlichen Kästchen, Spiegel, Altäre u. a. aus Beinschnitzereien mit eingelegtem Rahmenwerk namentlich auch für die Herrscher und Grossen der Lombardei arbeitete, scheint eher auf Venedig als die Heimat dieser eigentümlichen Intarsia-Möbelkunst hinzuweisen. Auch der Umstand, dass in Vorderasien ganz ähnliche Intarsien in hoher Vollendung gearbeitet wurden, könnte für Venedig angeführt werden, das bis in das sechzehnte Jahrhundert in allen seinen Industrieen vom Orient aufs stärkste beeinflusst wurde.

Die älteren Stücke dieser Art als lombardisch bezeichnete Intarsiamöbel gehen bis an das Ende des fünfzehnten Jahrhunderts zurück. Es sind namentlich Truhen (Abb. 86), Savonarola-Sessel (Abb. 87), kleine Kästchen und Spiegel, seltener auch Schreibschränke. Regelmässig besteht der Dekor in kleinen geometrischen Zeichnungen, welche mit grossem Geschmack erfunden und als Flächenschmuck verwendet sind. Bei grösseren Möbeln, namentlich bei Truhen, kommen gelegentlich auch einfache naturalistische Motive vor, wie Bouquets oder Blumen in Vasen, aber stets in feiner Stilisierung. Die Möbel sind, diesem Dekor zu liebe, stets einfach in den Formen, und mit ganz wenigen und bescheidenen Profilen versehen, so dass die grossen glatten Flächen Gelegenheit zur Anbringung des Schmuckes bieten. Diese Einfachheit und die strenge Zeichnung der eingelegten Ornamente verführt leicht zu einer zu frühen Datierung dieser Arbeiten; so war im Katalog der Gedon'schen Versteigerung zu München 1884 ein solcher Sessel, der gegen Ende des Quattrocento entstanden sein muss, in das Ende des dreizehnten oder den Anfang des vierzehnten Jahrhunderts gesetzt.

In den westlichen Grenzprovinzen: in Piemont, Savoyen und Ligurien machen sich in den Möbeln der Renaissance Beziehungen zu Frankreich aufs deutlichste geltend. In Piemont und Savoyen ist französisch-burgundischer Einfluss unverkennbar, wie eine Anzahl guter Möbel aus dieser Provinz in dem trefflich geleiteten Museo civico zu Turin und in einigen der berühmten Kastelle von Piemont beweist. Noch bis in das sechzehnte Jahrhundert erhielten sich hier die Traditionen der Gotik, die stark französische Formen zeigt. Wir können dies am besten an den Truhen verfolgen, die allein in verhältnismässig grösserer Zahl erhalten sind. Anders in Genua und an der Riviera. Hier sehen wir in den Möbeln der Renaissance, die sich freilich nur ausnahmsweise bis in das fünfzehnte Jahrhundert (wo sie, dem allgemeinen Charakter der ligurischen Art entsprechend, wohl auch lange gotischen Dekor zeigten) verfolgen lassen, gleichfalls deutliche Verwandtschaft mit den gleichzeitigen Möbeln Südfrankreichs', namentlich mit solchen, die in Lyon den Mittelpunkt ihrer Fabrikation hatten. Da sie wenig beachtet worden sind und ihre Herkunft selten bekannt oder berücksichtigt wurde, und da sie neben jenen überprächtigen Lyoner Möbeln, wie sie sich in den Palais der französischen und englischen Sammler noch in grosser Zahl erhalten haben, in Reichtum und künstlerischer Vollendung der Dekoration, wie in Mannigfaltigkeit und Phantasie der Zeichnung meist wesentlich zurückstehen, so pflegt man diese Möbel regelmässig als

Abb. 92. Ligurischer Tisch, früher bei Stefano Bardini in Florenz.

französische zu bezeichnen oder, wo ihre ligurische Herkunft gesichert ist, als Nachahmung der Lyoner Möbel auszugeben. Das Verhältnis scheint mir gerade das umgekehrte zu sein: die Genueser Möbel waren die Vorbilder der Lyoner; über die Riviera drang die Renaissance in der Möbeltischlerei nach Frankreich und übte einen bestimmenden Einfluss auf die Entwicklung derselben im südlichen Frankreich.

Hier in Genua und im benachbarten Littorale haben sich Möbel der Renaissance, wenn auch fast ausnahmslos aus vorgeschrittener Zeit wieder in verhältnismässig grösserer Zahl und in grösserer Mannigfaltigkeit als in den übrigen westlichen Provinzen Oberitaliens erhalten. Freilich sind sie meist ins Ausland gewandert und gehen jetzt unter fremden Namen. Die Truhe spielt nicht die hervorragende Rolle, wie im übrigen Italien; an ihre Stelle tritt der zweiteilige Schrank, der sonst in Italien — wie wir sahen — als Hausmöbel nur sehr selten vorkommt. Ob und wieweit die Einführung dieses Möbels vom Norden her beeinflusst worden ist, darüber ist zur Zeit ein Urteil schwer, da wir die Möbeltischlerei der Lombardei nicht kennen, von der diese Industrie Genuas wohl ebenso, wie seine Kunst überhaupt, seit dem Ende des Trecento abhängig gewesen sein wird. Die niederländischen Einflüsse, die sich im Anfang des Cinquecento in der genuesischen Malerei geltend machen, können dagegen nach dieser Richtung nicht massgebend gewesen sein; denn abgesehen von der Umständlichkeit des Transports bei verhältnismässig so geringwertigen Gegenständen, waren doch die Lebensgewohnheiten in beiden Ländern zu verschieden.

Abb. 93. Ligurischer Sessel bei R. von Mendelssohn in Berlin.

Diese ligurischen Schränke, von denen ein charakteristisches, in Genua selbst erworbenes Stück, im Museum zu Magdeburg, ein zweites im Besitz des South Kensington-Museums vorstehend abgebildet ist (Abb. 88 und 89), bestehen regelmässig aus einem Ober- und einem Unterteil von fast gleicher Grösse, die beide zweithürig sind. Der Aufbau ist ein einfacher, architektonischer; der Dekor ist dagegen sehr reich, aber durch das flache Relief doch nicht aufdringlich, wie er es meist bei den Lyoner Möbeln ist. Die Thürflügel sind jede als besondere Tafel geschmückt, das Rahmenwerk ist als Pilaster, Sockel und Gesims gestaltet und stilvoll verziert; die Schlösser und Griffe sind hier regelmässig in der Ornamentik vorgesehen und betont, meist als

Kopf mit geöffnetem Munde oder in ähnlicher Weise. Diesen Schränken ganz verwandt sind die gleichzeitigen Credenzen, von denen die vorstehend abgebildete im Besitz des Antiquars Stefano Bardini in Florenz sich befand (Abb. 91).

Auch die Tische Liguriens sind eigenartig und stehen den französischen näher als den italienischen. Charakteristisch sind die beiden breiten Füsse, in der Regel durch einen Querriegel verbunden, der dann zugleich als Basis dient und über dem sich je zwei zierliche Säulen erheben, welche die Platte tragen. Zwischen diesen beiden Säulenpaaren läuft in der Mitte eine kleine Galerie von zierlichen gedrehten Säulchen. Ein frühes Beispiel zeigt Abb. 92, besonders interessant durch die vollständige kräftige Bemalung und teilweise Vergoldung; die spätere typische Form, die nicht selten im Handel vorkommt gilt regelmässig als französisch, nach ihrer grossen Aehnlichkeit. Als charakteristisches Beispiel der Stühle Liguriens dient ein aus Genua stammendes Stück, das mit elf zugehörigen Stühlen im Besitz von Herrn Robert von Mendelssohn in Berlin sich befindet (Abb. 93). Sie sind durch ihren reichen Beschlag mit grossen vergoldeten Nägeln und ihre tadellose Erhaltung ausgezeichnet. Das Holz ist ausnahmsweise schon Mahagoni, das damals durch genuesische Schiffe zuerst in Italien eingeführt worden ist, aber zunächst wenig Verbreitung fand.

Nach Genua möchte ich auch die Entstehung einer merkwürdigen Truhe versetzen, die 1885 in der Römischen Möbelausstellung zu Rom sich befand. Sie ist dadurch ganz eigenartig, dass die Truhenwände, die sonst stets gerade oder nach aussen gebogen sind, stark nach innen eingezogen sind, wie häufig bei Sarkophagen. Die Basis ist sehr kräftig und hoch, der Deckel dagegen flach. Die Palmetten und Festons daran zeigen die weichen vollen Formen der ligurischen Möbel. Diese Truhe, deren Entstehung um 1530 fällt, ist in Nussbaumholz ausgeführt, das teilweise vergoldet ist.

Venezianisches Klavier um 1550, früher in der Sammlung Bardini zu Florenz.

Abb. 95. Römische Truhe im Kaiser Friedrichs-Museum zu Berlin.

IV. Rom und Neapel.

Für Rom dürfen wir bei der Kunstliebe einer Reihe von Päpsten zur Renaissancezeit wie bei der grossen Prachtliebe und dem Luxus, der am päpstlichen Hofe von den Nepotenfamilien und den reichen Geistlichen entfaltet wurde, die vielfach noch bei Lebzeiten ihre Reichtümer zu ihrem Ruhm und für ihre Genüsse zu verwerten suchten, einen grossen Luxus auch in der Hauseinrichtung annehmen. Dies bestätigen uns die Urkunden, die wir den Forschungen von E. Müntz, Bertolotti u. a. verdanken. Erhalten ist uns aber an nachweislich aus Rom stammenden Möbeln des fünfzehnten Jahrhunderts sehr wenig; erst etwa seit dem zweiten oder dritten Jahrzehnt des sechzehnten Jahrhunderts begegnen uns römische Möbel häufiger; freilich fast nur eine bestimmte Gattung und darin namentlich Truhen. Wie auch hierin die Prachtliebe der hohen Geistlichkeit sich geltend machte, davon haben wir u. a. einen sicheren Anhalt in der Beschreibung der Ausstattung, welche Lucretia Borgia bei ihrer Verheiratung mit Herzog Ercole von Ferrara von ihrem Vater Papst Alexander VIII. erhielt. Für den Transport des Hochzeitsgutes in den Prachttruhen, Schmuckkasten u. s. f. bewegte sich ein Zug von mehreren hundert Maultieren von Rom nach Ferrara.

Von dem alten Mobiliar des Vatikans oder anderer päpstlicher Paläste ist uns leider — wenn wir nicht etwa Raphaels Tapeten dazu rechnen wollen — kaum ein Stück mehr erhalten; aber einen Begriff von der künstlerischen Vollendung auch dieser Ausstattungsstücke der Wohn- und Staatsräume eines Julius II. und Leo X. geben uns die prächtig geschnitzten Thüren und Fensterläden in den Stanzen, für deren Anfertigung Raphael den Giovanni Barile aus Siena berufen hatte, während gleichzeitig der jüngere Luca della Robbia die farbigen Fliessen der Fussböden herstellte, die uns zum Teil noch — freilich in kaum erkennbarem Zustande — erhalten sind.

In diese klassische Zeit reichen auch die frühesten Stücke jener Gattung von Möbeln, die für Rom besonders charakteristisch sind: jene mit Schnitzarbeit in Hochrelief bedeckten Möbel, bei denen die Holzfarbe nur ganz leicht getönt und nur einzelne Teile gelegentlich

Abb. 96. Römische Truhe im South Kensington-Museum zu London.

vergoldet ist. Sie stimmen im wesentlichen überein mit den gleichzeitigen Florentiner Möbeln und sind wohl zum grossen Teil von Florentiner Möbeltischlern oder doch unter dem Einflusse von Florentiner Architekten und Bildschnitzern angefertigt worden. In Rom erhalten sie ihren besonderen Charakter; sie stehen hier weit weniger unter dem Einflusse von Michelangelo als unter dem des Raphael. Die Hochreliefs, mit denen die Vorderseite wie die beiden Schmalseiten

Abb. 97. Römischer Tisch im South Kensington-Museum zu London.

Abb. 98. Schreibschrank Papst Pauls III., früher in der Sammlung Bardini in Florenz.

Abb. 99. Römischer Tisch, früher in der Sammlung Bardini in Florenz.

bedeckt sind, haben in Auffassung, Komposition der Truhen und Formengebung die engste Verwandtschaft mit den Gemälden eines Giulio Romano, Polidoro da Caravaggio und anderer Raphael-Schüler. Da nun die Kompositionen selbst unter den uns erhaltenen Truhen dieser Art meist zwei- oder mehrmals wiederkehren, so ist es wahrscheinlich, dass die Entwürfe dafür auf solche Künstler zurückgehen.

Die Darstellungen sind fast ausschliesslich der Antike, der römischen Geschichte oder der römischen Mythologie, entlehnt. Die meisten enthalten je zwei durch ein Wappen getrennte reiche Reliefs; gelegentlich ist die Vorderseite auch in mehrere kleinere Darstellungen, dann mit je einer oder zwei Figuren, geteilt, die durch Pilaster oder Karyatiden getrennt sind. An den Schmalseiten sind meist einzelne Figuren, Meerungetüme oder dergl. dargestellt. In der Mitte ist regelmässig das Wappen angebracht, von zwei Putten gehalten oder von zwei nackten Figuren, anscheinend gefesselten Kriegern, flankiert. Letztere wiederholen sich, mit geringen Abweichungen, auf einer ganzen Reihe dieser Truhen. In ähnlicher Weise sind auf den Ecken gefesselte Barbaren in reicher Gewandung angebracht, die den römischen Triumphbögen entlehnt sind. Wie diese, so sind manche der Figuren oder ganze Gruppen mehr oder weniger frei antiken Statuen und Reliefs nachgebildet, die sich damals in Rom befanden. Wie die Vorliebe für Motive der römischen Geschichte und Sage, so weist auch dieser Umstand auf Rom als Ort der Entstehung der Mehrzahl dieser Truhen und verwandter Möbel, was durch die Wappen, soweit dieselben bisher bestimmt worden sind, bestätigt wird.

Die grösste Zahl solcher Truhen besitzt das South Kensington-Museum. Im Saal der Raphaelischen Kartons stehen ringsum an den Wänden, abwechselnd mit reichgeschnitzten Schemeln, prächtige Truhen dieser Art, die durch ihre tadellose Erhaltung, die alte Vergoldung und die feine bronzefarbene Patina sich noch besonders auszeichnen. Die übrigen grossen Museen besitzen je eines oder ein Paar dieser Möbel. Zwei zusammengehörige von besonderer Güte und tadelloser Erhaltung, auch in der alten teilweisen Vergoldung, besitzt das Kaiser Friedrichs-Museum in Berlin, wo sie als Dekoration einen der Haupträume schmücken sollen. Die eine derselben (Abb. 95) zeigt in zwei durch das Wappen getrennten Darstellungen den Tod der Kinder Niobes durch die Pfeile Apollos und der Diana.

IV. Rom und Neapel.

Eine etwas spätere Wiederholung, mit anderem Mittelstück und leider weniger gut erhalten, ist aus altem Museumsbesitz in das Kunstgewerbemuseum gekommen. Eine beträchtliche Zahl dieser Truhen findet sich im Privatbesitz, in den Palästen von England und Frankreich, namentlich in den Häusern der Familie Rothschild in Paris. Die grossen Pariser Auktionen von Renaissancekunstwerken, wie die von Fr. Spitzer, Baron Seillières u. a., enthielten daher meist ein oder mehrere solcher Stücke.

Wenn diese Truhen jetzt bei uns an der Wand stehen, so machen sie meist einen niedrigen, gedrückten Eindruck. Dies liegt daran, dass ihnen jetzt regelmässig die Untersätze fehlen, durch die sie ausserordentlich gehoben und zugleich geschützt werden. Wir geben vorstehend die Abbildung einer solchen Truhe mit ihrem zugehörigen Untersatz, welche das South-Kensington-Museum besitzt (Abb. 96).

Den Truhen entsprachen in der kräftigen Form und der reichen Schnitzerei, in dem hohen Relief und der teilweisen Vergoldung auch die übrigen Möbel der römischen Palasteinrichtung der Hochrenaissance. Von den Schemeln ist wohl die Mehrzahl der Prachtstücke in diesem Charakter florentinisch-römischer Herkunft und gerade für römische Zimmereinrichtungen geschaffen. Verhältnismässig häufig finden sich noch als Prachtstücke der Ausstattung des Kamins, die geschnitzten Blasebälge. Von den Museen hat freilich nur wieder das South Kensington-Museum eine Anzahl derselben, und zwar besonders prachtvolle (vgl. Abb. 58 und 62); sonst muss man sie in den Palästen von Paris und England aufsuchen, welche Renaissance-Einrichtungen haben. Tische von gleichem Charakter waren in Rom nur wenige erhalten; sie sind fast ausnahmslos ins Ausland verkauft worden (Abb. 97), darunter auch ein grosses Prachtstück aus Marmor mit Bronzedekoration aus Palazzo Massimi, dessen Zeichnung Peruzzi zugeschrieben wird. Eines der schönsten Stücke der Art besitzt wieder das South Kensington-Museum, das nebenstehend abgebildet ist (Abb. 99). Von den Schreibschränken giebt ein besonders prächtiger, der in der Versteigerung der Sammlung von Stefano Bardini in London 1902 vorkam

Abb. 100. Römisches Schreibpult bei Alfred Beit in London.

(Abb. 98), wohl einen zutreffenden Begriff; nach dem Wappen für einen Cardinal Farnese, wohl Papst Paul III., gearbeitet. Charakteristisch ist hier, was für diese ganze Gattung von Prunkmöbeln gilt, dass die Seitenteile, die Profilierungen und Details durchaus nicht mit der Sorgfalt gearbeitet sind, wie die grossen skulpirten Einlagen der Vorderseiten. Den gewählten Geschmack, den die einfacheren Möbel vom Anfang des Cinquecento und aus der zweiten Hälfte des Quattrocento zeigen, wird man hier überhaupt nur noch selten antreffen. Auf ein Schreibpult in ähnlichem Charakter ist schon gelegentlich der Florentiner Möbel hingewiesen worden (Abb. 100; vgl. S. 27).

Wer die Künstler waren, die diese Gattung von Möbeln gearbeitet oder entworfen haben, dafür haben wir bisher keinen festen Anhalt. Dass sie vorwiegend Florentiner waren, erscheint nach dem Charakter der Arbeiten wohl zweifellos; ob sie aber der Werkstatt des jüngeren Tasso oder des Baccio d'Agnolo oder anderer von Vasari und durch die Urkunden erwähnter Holzbildhauer angehören, ist noch nicht zu entscheiden. Sie haben so gleichmässigen Charakter, dass sie sich jedenfalls nur auf eine kleine Gruppe von unter sich nahe verwandten Künstlern verteilen. Am deutlichsten erkennbar ist die Werkstatt eines Künstlers, der mit Vorliebe Kinder und Kinderköpfe anbringt, die sehr derbe Formen haben. Da ganz übereinstimmende Reliefs in Florentiner Sandstein, meist auch mit teilweiser Vergoldung, in Florenz vorkommen, so ist dieser Meister zweifellos ein Bildhauer und Florentiner. Dass wir unter diesen Künstlern hervorragende Architekten wie Peruzzi, Antonio San Gallo u. a. zu suchen haben, beweisen die zahlreichen Entwürfe für Möbel, die uns — namentlich seit der Mitte des Cinquecento (besonders in den Handzeichnungensammlungen der Uffizien, des South Kensington-Museum u. s. f.) — erhalten sind. In der Hochrenaissance war bereits die Scheidung zwischen Künstler und Handwerker, dem entwerfenden und dem ausführenden Künstler in gewissem Grade vollzogen, namentlich wo es sich um besonders prächtige und einheitliche Dekorationen handelte.

*

Die Urkundenforschung hat auch für Neapel und zum Teil auch für Sicilien den Nachweis geliefert, dass hier eine reiche und mannigfaltige Möbeltischlerei blühte. Der prachtliebende Hof der arragonischen Herrscher scheint besondere Freude an der Ausstattung der Palasträume mit kunstreichen, prächtigen Möbeln gefunden zu haben. Ihre Kunstsammlungen hatten diese Fürsten, wie uns ausdrücklich berichtet wird, in kostbar gearbeiteten Schränken. Aber specifisch neapolitanische Möbel sind uns, nach meinem Wissen, doch erst etwa seit der Mitte der Hochrenaissance bekannt. Die wenigen Stücke der Art sind den eben beschriebenen römischen sehr ähnlich; sie sind sehr reich mit stark ausladenden Profilen versehen und von schöner Patina des tief getönten Holzes.

*

Im Lauf des sechzehnten Jahrhunderts vollzieht sich im politischen und öffentlichen Leben Italiens eine vollständige Umwandlung, indem die kleinen Tyrannenherrschaften sich zu Fürstengewalten im modernen Sinne ausbildeten und die Republiken, das aristokratisch regierte Venedig ausgenommen, verschwanden. An die Stelle des Bürgertums, auf dessen Blüte die Entwickelung der Renaissance beruht hatte, treten die Fürstenhöfe, die hinfort bestimmend auch auf die Gestaltung des Lebens und der häuslichen Einrichtungen einwirken. Die neuen Bedürfnisse nach dieser Richtung, die Anforderungen an Repräsentation, an Glanz und Pracht, machen sich auch in der Ausstattung des Hauses, im ganzen Mobiliar aufs deutlichste geltend; während einzelne Möbel zurücktreten oder ganz verschwinden, treten andere in den Vordergrund und kommen ganz neue auf. Die Wandbank und die

Truhe werden durch Sitzmöbel der verschiedensten Art verdrängt; als neues Möbel tritt die Kommode hinzu, die die Truhe rasch verschwinden lässt; die Tische werden zahlreicher und mannigfaltiger; ein Hauptstück des Zimmers wird der Spiegel, der einen Tisch als Untersatz erhält und zu einem grossen Prachtmöbel ausgebildet wird, das die Möbel ringsherum wiederspiegelt und die Pracht der Erscheinung der Räume verdoppelt. Eine andere Neuerung, die Kronleuchter aus Kristall und Glas, die von der Decke herabhängend oft in grösserer Zahl und in reichster Gestaltung die Zimmer erhellen, verstärken den fürstlichen Glanz dieser Räume und lassen sie in phantastischem Lichte erscheinen, sehr verschieden von der fast dürftigen, ruhigen Beleuchtung zur Zeit der Renaissance. Das Bett wird in einen kleinen Raum verwiesen und erhält hier häufig eine besondere vertiefte Nische, den Alkoven. Kurz, das moderne Mobiliar wird geboren in Italien, bereits nicht mehr aus eigenster Kraft, sondern unter starkem Einfluss namentlich von Frankreich, ein Mobiliar, das erst in neuester Zeit durch die Anforderungen an Hygiene, Luft und Licht und durch die technischen Erfindungen wesentlichen Umgestaltungen entgegengeht. Diese erhalten aber ihre Anregung nicht mehr von den romanischen Völkern, auch nicht mehr vom Kontinent, sondern von jenseits des Kanals und des Oceans.

Inhalt.

	Seite
Einführung	1
I. Florenz und Toskana	2
II. Venedig und die terra ferma	48
III. Das westliche Oberitalien	73
IV. Rom und Neapel	77